부富의 인문학

부富의
인문학

초판 1쇄 발행 2022년 5월 1일

지 은 이   이상준 박사
발 행 인   권선복
편   집   오동희
디 자 인   김소영
전 자 책   서보미
마 케 팅   권보송
발 행 처   도서출판 행복에너지
출판등록   제315-2011-000035호
주   소   (157-010) 서울특별시 강서구 화곡로 232
전   화   0505-613-6133
팩   스   0303-0799-1560
홈페이지   www.happybook.or.kr
이 메 일   ksbdata@daum.net

값 20,000원

ISBN 979-11-5602-491-0   (13190)

Copyright ⓒ 이상준, 2022

도서출판 행복에너지는 독자 여러분의 아이디어와 원고 투고를 기다립니다. 책으로 만들기를
원하는 콘텐츠가 있으신 분은 이메일이나 홈페이지를 통해 간단한 기획서와 기획의도, 연락처
등을 보내주십시오. 행복에너지의 문은 언제나 활짝 열려 있습니다.

21세기 인생수업

부_富의 인문학

이상준 지음

도서
출판 행복에너지

이상엽

건국대학교 융합인재학과 교수, 건국대학교 대외부총
장, 한국연구재단 학술진흥본부장 역임

저자 이상준 박사의 박사학위 논문을
지도했다. 목표에 대한 집중력이 강하다. 이 박사와 함께
하면 저절로 힘이 솟는다. 에너지가 넘치기 때문이다. 부
동산 투자법과 관련된 저서를 많이 출간했는데, 이번엔 고
전을 활용한 인생 지침서를 발간 이후 연봉 10억 원의 성
공신화에 안착하면서 31년 금융기관 직장생활을 조기 명
예퇴직하고 시간적, 경제적 자유인이 되어 그 삶을 전하고
있다. 코로나19와 오미크론으로 답답한 세상에 희망을 전
하는 '해피 바이러스'가 되길 기대한다.

김영국
단국대학교 경영대학원 주임교수

　21세기 인생수업, 富의 인문학, 노후를 책임지는 수익형 부동산 투자법으로 100세 시대를 고민하는 많은 사람들을 신흥부자의 길로 인도하여 슈퍼리치를 탄생시키고 수많은 제자를 양성하는 이상준 교수가 이제 호모사피엔스가 아닌 '富의 인문학'으로 대한민국 역사에 새롭게 노크했다. 성공, 사랑, 행복, 가족, 친구, 정치, 복지, 철학, 예술 등이 종합적으로 살린 이 책은 수많은 젊은이들의 삶에 미래를 함께할 수 있는 이정표가 될 것이다. 끈기를 대적할 적은 없다. 고전과 현대를 아우르는 현자들의 말을 통해 저자가 들려주려는 희망의 메시지는 꿈, 비전, 희망이다. 미래를 예측하기 어려운 4차 산업혁명 시대를 맞이하는 젊은이와 성인들과 직장인에게 이 책은 매우 유용한 안내서가 될 것이다.

최현일

한국열린사이버대 학과장.

『1% 저금리 시대 수익형 부동산이 답이다』 저자

그동안 다양한 재테크 서적과 인문학을 통해 우리 자녀들이 좋은 습관을 쉽게 쌓고 포기하지 않게 하는 정신력 코칭 지도서! 썩은 나무로는 아무것도 조각할 수 없다는 깨달음과 정갈한 맛을 느끼게 해주는 책이다. 감성이 풍부한 이상준 교수가 다양한 재테크(NPL경매－부실채권,GPL－정상채권, 특수물건, 돈 되는 재개발 재건축)의 전도사가 되더니 그동안 숨겨 놓았던 이야기보따리를 풀었다. "新돈의보감 평범한 샐러리맨 연봉 10억 원 성공투자법", "인문학으로 배우는 21세기 인생 수업", "21세기 인생수업 富의 인문학"으로 자신의 꿈을 향해 쉽게 포기하지 말고 새롭게 도전하라는 희망의 메시지를 전하고 있다. 이상준 교수는 본 책에서 알 수 있듯이 흙수저로 태어나 평범한 사람도 부자가 될 수 있다는 용기를 주고 있다. 저자의 진심이 책 전체에서 전해진다. 감동과 전율이 흐르는 직장생활 하면서 투 잡, 쓰리 잡으로 시간적, 경제적 자유인인 되기까지 숨 가쁘게 살아온 직장인의 성공기가 담겨 있는 쉼표가 만들어 낸 평범한 샐러리맨 성공투자 이야기이다. 이 책을 청소년과 성인 누구에게나 추천하고 싶다.

추천사

김규동

한국법률경제신문 발행인, 메리트 법무법인 변호사

옛것을 익히고 새것을 알면 남의 스승이 될 수 있다(溫故而知新, 可以爲師矣). - 『논어(論語)』, 〈위정(爲政)〉

옛것을 깊이 배움으로써 새로운 것을 알게 되는 온고지신(溫故知新)의 길은 언제나 고통 속에서 피어난다. 마치 겨울을 이겨 낸 향기 나는 꽃처럼 새로움을 알게 해주는 책이다. 상준 형님을 처음 만나고 새로운 가치를 창조해 내시는 용기와 열정을 보고 이런 고향 선배도 있구나! 생각했다. 전율이 감동으로 느껴졌다. 어려운 가정환경에서 새로운 것들을 하나하나 이루어 내시고도 또 다른 비전을 찾아 도약하시는 모습에서 더 큰 성공자의 미래를 보았다. 전년도에는 『21세기 인생수업, 富의 인문학』 책을 발간하여 따뜻한 세상에 마중물이 되더니 이제는 100세 시대를 고민하는 직장인들에게 미리 준비하여 힐링과 건강을 지키는 삶의 여유를 빨리 준비하라는 진솔한 마음을 보았는데 실제 이 책은 수많은 독자에게 따뜻한 삶의 이야기를 전달해 주는 봄비 같은 책이라는 확신이 든다. "하늘에서 비가 온다. 그 비가 하늘에서 내려 주는 천복이라면 어떻게 이 복을 다 받을 수 있을까?" 방법은 우주를 품 안에 담을 수 있는 그릇을 키우는 법이다. 상준 형님은 그런 넓은 마음을 가지고 계시는 분이시다. 이 책을 통해 직장인들의 퇴직에 대한 불안을 해소할 수 있는 지침서가 될 것이다.

박희영
서울경제연합회 및 사색의 향기(173만 회원),
신지식인이자 인맥의 왕

  인문학 전도사에 새롭게 도전장을 내민 이상준 교수의 도전이 어디까지인지 찬사를 보낸 지가 엊그제인데 벌써 시간적, 경제적 자유인이 되어 샐러리맨의 성공투자법을 다룬 『富의 인문학』 책을 내었다. 누구나 부자가 될 수 있는 비밀노트를 풀어주기는 쉽지 않다. 하지만 이상준 아카데미에서 제공하는 다양한 커리큘럼을 통해 누구나 쉽게 부자가 될 수 있는 방법을 이 책에서 제공해 준다. 『富의 인문학』에서는 고전과 옛 성인들의 이야기를 현대식으로 풀어 누구나 읽기 쉽게 아름다운 인생을 맛보게 해주더니 이제는 직장인에게 새로운 메시지를 전해주고 있다. 저자의 수고에 아낌없는 박수를 보낸다. 이상준박사NPL투자 연구소에서 부실채권 투자 카페 및 아카데미의 정통 전도사로 소문이 나 있는 저자는 재테크에 관한 여러 권의 책을 출간하면서 많은 사람들이 재테크에 도전하도록 격려했다. 이 책은 지금까지 저자가 반평생 이상을 살아오면서 겪은 여러 가지 인문학적인 사례와 실전투자법을 바탕으로 본인 또는 수강생들 그리고 주변인의 감동적인 이야기를 다양하게 담고 있다. 새로운 분야의 인문학이지만 저자의 신비한 마력으로 독자를 사로잡는 흡입력을 가진 책이다.

소순창
건국대학교 교수, 한국지방자치학회 학회장

이상준 박사님을 생각하면 가장 먼저 떠오르는 단어가 있다.

'열정', '실천', '성과', 오늘도 식지 않는 열정으로 삶에 영혼을 불어넣으며 또 다른 성과를 맺으려고 실천하는 모습이 눈앞에 선하다. 문득 '왜 이 사람은 인문학에 이렇게 관심이 많은 걸까?'라는 생각이 들었다. 이 책에 그 답이 있었다. 누구에게나 연극의 주인공으로 성공할 수 있는 이야기 가지고 있다. 그런 주인공들과 삶을 나누면서 그들의 이야기를 담았다. 많은 사람들에게 '비루투스(덕망)'의 인문학을 전하면서 따뜻한 세상을 펼쳐내는 모습에서 진솔한 삶을 엿보았다. 이 책을 통하여 우리 모두가 꿈꾸는 행복한 미래를 꿈꾸길 간절히 소망한다.

강신기
호서글로벌창업대학원 교수

평범한 샐러리맨이 종잣돈 1천만 원으로 경매를 시작해 5년 만에 10억 원을 벌더니 이제는 연봉 10억 원 샐러리맨 성공신화를 이루어 31년 직장생활을 조기에 명예퇴직하고 시간적, 경제적 자유인이 되어 삶의 여유를 즐기고 있다. 갈수록 열악해지는 국내외 경제 환경 속에서 더욱 눈길을 사로잡는 이야기다. 저금리시대, 경매와 부실채권(Non-Performing Loan/NPL)에 대한 투자 기회가 늘어나고 있다. 하지만 NPL(부실채권), GPL(Good-Performing Loan-정상채권-아파트담보대출)투자가 각광받으면서 이를 '한철장사'로 악용하는 사례도 늘고 있다. 수익을 낼 수 없는 NPL을 무차별적으로 매입한 후 '높은 수익률'이나 '안전한 투자'라는 말로 지식이 부족한 투자자들을 현혹하는 사례가 바로 그것이다.

　이 책은 샐러리맨의 직장 조기 탈출법과 일반인들이 GPL 및 NPL경매, 그리고 노후를 책임지는 수익형연금형 부동산 투자로 성공할 수 있도록 확실한 지침서의 역할을 해준다. 저자는 많은 투자 경험을 통해 얻은 다양한 지식을 실전에서 활용할 수 있도록 상세하게 알려준다. 경매를 처음 시작하고 NPL 및 GPL을 처음 공부하는 사람들뿐 아니라 단기간에 수익 내기를 원하는 NPL경공매 및 GPL 개미투자자들에게도 등대 같은 역할을 할 것이다. 블로그, 페이스북, 밴드, SNS 등 다양한 수단으로 소통하며, 늘 대중에게 베풂과 나눔을 추구하는 저자의 따뜻함이 고스란히 느껴지는 책이다.

독자 여러분! 손금, 소금, 황금보다 비싼, 바로 지금!

길을 찾는 가장 빠른 방법은 그 길을 아는 사람과 함께하는 것입니다. 코로나, 오미크론으로 사회가 많이 혼란스럽습니다. 그러나 곧 일상이 회복될 것이라는 희망을 가져봅니다. 회복은 이전 상태로 돌아가는 것 이상의 의미가 있습니다.

자신의 운명을 사랑하며 오늘 행복하기 위해 열심히 살아왔지만 필자 삶에는 달라지는 것은 많지 않았습니다. 멘토를 만나 좀 더 편안한 길을 찾지 못하고 혼자 막다른 길을 오가며 열심히 살아오다 이제서야 그 성공의 길을 찾았습니다.

이제 그 길을 '富의 인문학'을 통해 안내해 드리고 싶습니다. 지혜롭게 사는 것은 소중한 것들을 잘 헤아릴 줄 아는 것입니다. 이것은 마치 깊은 샘물은 퍼먹을수록 더욱더 깨끗한 물이 지속적으로 샘솟는 것과 같습니다. 富의 인문학이 그렇습니다.

사람들은 대부분 미래 80% 이상 염려로부터 궁극의 목적달성에 실패합니다. 그 해답을 찾아 어떤 사람은 매일 성경책을 읽고 필사를 합니다. 또 어떤 이는 불경을 읽으며 자신을 수양합니다. 대부분의 사람은 목표를 향해 불타는 열정으로 질주합니다. 중요한 것은 목표와 희망이라는 단어가 자신감을 불러일으키고 확실한 결정을 내리도록 스스로 돕는다는 진실입니다.

富의 인문학은 사람과 사람 사이에 논리적으로 해석하기 어려운 '옹달샘'과 같은 것입니다. 우리는 수양하는 도인이 아니기 때문에 욕심이 생깁니다. 꿈과 목표를 위해 더 멀리 그리고 더 빨리 더 많은 것을 얻기 위해서 경쟁을 하게 되고 자신도 모르게 타인에게 피해를 주거나 정신적으로 힘들게 하기도 합니다.

이 세상에 가장 중요한 것은 내가 어디에 있는가가 아니라 어느 쪽을 향해 가고 있는가를 파악하는 것입니다. 실천은 생각에서 나오는 것이 아니라 잘 준비할 때 이루어집니다.

살다 보면 세상에 노력하지 않아도 얻어지는 일이 있을 수 있습니다. 그러나 진심을 다한 열정으로 지속적으로 노력해야만 원하는 것을 얻을 수 있다는 것을 알게 될 것입니다. 우리 인생은 내가 만들어 갑니다.

수영할 줄 모르는 사람이 수영장을 바꾼다고 해결되지 않습니다. 도전하기 싫은 사람은 도구를 바꾸거나 직장을 옮긴다고 해결되지 않으며, 건강하지 않은 사람은 비싼 약을 먹는다고 병이 낫지 않습니다. 모든 문제의 근원은 우리 자신에게 있습니다. 우리 마음에 긍정과 희망 그리고 열정이 있다면 원하시는 것이 무엇이든 얻을 수 있을 것입니다.

이미 성공한 사람으로부터 그 해답을 얻는 富의 인문학에서 그 해답을 찾아보세요. 올바른 멘토의 말을 듣고 지금의 나에서 새로운 나로 변화하며 시간 낭비하지 않고 올바른 방향으로 성공의 문에 도달하여 밝은 세상을 보는 능력을 키워 봅시다.

거미가 거미줄을 풀어내듯 흥미롭고 감동적인 이야기로 풀어내는 부의 인문학 이야기, 고전으로 배우는 인생수업 부의 인문학, 세상에서 가장 쉽게 배우는 富의 인문학 인생수업은 우리 삶의 희망이 됩니다. 다시 한번 새로운 꿈을 꾸고 도전하기 바랍니다. 부정 대신에 긍정을! 절망 대신에 희망을!

독자 여러분!!! 길을 찾는 사람은 언제나 자신이 새 길입니다. 새 길에는 힘이 듭니다. 힘이 들어도 오늘 걷지 않으면 내일은 뛰어야 할지 모릅니다.

오늘 필자와 함께 정보를 나누다 보면 필자가 그런 삶을 누리고 있듯이 이곳에서 희망과 성공, 명예, 부가 여러분을 환하게 웃으며 기다리고 있음을 알게 될 것입니다. 이 책과 필자의 아카데미를 통해 도움을 받아 富를 축적하였거나 성공한 사람들은 좀 더 부족한 이웃을 돌봐주시길 바랍니다.

"흔히들 남을 돕는다고 하면 보통 사람은 자신을 희생한다고 생각하지만 사실 남을 도울 때 최고의 행복을 얻는 것은 자기 자신이다."라는 달라이 라마의 말을 기억하고 모두 부자가 되어 어둡고 그늘진 이웃에게 손을 내밀고 이 사회의 마중물이 되어 주시기 바랍니다.

끝으로 "성공의 문에는 사람(人)이 있습니다. 자기 자신의 주장을 굽힐 줄 아는 겸손한 사람은 많은 사람을 얻어 중요한 위치에 오를 수 있으며, 남에게 지는 것을 싫어하고 남을 이기기만 좋아하는 사람은 반드시 적을 만나게 될 것이다."라는 『명심보감』의 글을 가슴속에 새기어 주변의 많은 사람들로부터 존경받는 삶을 살아주세요.

이 글을 읽는 모든 독자분들이 희망과 사랑과 감동이 있는 아름다운 인생을 향해 한 발 더 다가서기 바랍니다. 어려운 시기를 불평불만 없이 아빠를 믿어주고 함께한 사랑하는 우리 쌍둥이 딸 수지, 수민에게 이 책을 바칩니다. 감사합니다.

– **이상준**(靑翼–푸른날개) 드림

목차

[제1강]

21세기 인생수업,
富의 인문학(人文學) 그 성공의 미학(美學)

[제2강]

향기(香氣) 나는 富의 인문학(人文學)

[제3강]

인문학(人文學)에서 배우는
마지막 인생 수업(人生授業)

[제4강]

富의 인문학(人文學)으로 엿보는
사색(思索)의 향기(香氣)

[제5강]

富의 인문학(人文學),
무엇이 성공한 삶인가

[제6강]

인문학(人文學)으로 바라본
성공한 인생론(人生論)

[제7강]

21세기
富의 인문학(人文學) 특강

21세기 인생수업,
富의 인문학(人文學)
그 성공의 미학(美學)

富의 인문학
그 성공의 미학

꿈도 목표도 더 많이 노력하고 준비하는 사람에게 기회를 허락하는 것 같다. 간절한 꿈과 식지 않고 달려온 열정이 오늘의 '나'를 만들어 주었다.

필자는 31년간 근무한 금융기관에서 조기 명예퇴직하고 나를 위한 선물과 보상으로 제주도 한 달 살기를 선택, 힐링하면서 즐기고 있다. 50대 중반의 나이, 인생을 즐기기 딱 좋은 나이인 듯하다.

어둠이란 빛을 동반해야 아름다움이 표출되듯 현재 어두운 그림자에 주눅 들지 말고 다시 한번 원대한 꿈과 목표를 설정하고 필자처럼 도전하면 시간적, 경제적 자유인이 되어 원하는 삶을 살 수 있다.

퇴직 후 생계를 위해 또는 마지못해 일을 찾는 것은 좋은 선택이 아닌 듯하다. 물론 할 일 없이 빈둥거리는 것은 아무 곳에 낙서하는 것과 같다. 하지만 돈만을 기준으로 두지 않고 자신이 좋아하는 일을 하면서 인생을 즐기는 것은 준비된 사람만이 가능하다.

새로운 도전을 멈추지 않는 사람이 세상의 주인이 될 수 있다. 우리의 삶을 만들어 가는 것은 바로 우리의 생각이다. 정글에도 법칙이 있듯 부의 인문학에는 품격이 있다. 품격 있는 삶에 관한 富의 인문학은 『21세기 인생수업, 富의 인문학』에 기록하였다.

"성공한 사람들의 내면을 살펴보면 사람(人) 있었다. 즉, 남의 작은 잘못을 꾸짖지 말고 남의 비밀을 들추어내지 않으며 남의 지난 잘못을 마음에 두지 말라. 이 세 가지를 실천하면 덕을 기를 수 있으며 재앙 역시 멀리 할 수 있다."

필자가 보고 듣고 경험한 '富의 법칙' 이야기로 독자 분들이 비슷한 삶을 살아간다면 이것 또한 '세상의 마중물 역할'이 아닐까? 필자는 그동안 고민하고 고심해 왔다. 그리고 책을 쓰기로 결심하고 펜을 들었다. 빠르게 변화하는 세상에서 승자가 되는 방법과 부자가 되는 방법은 인문학 속에 있기 때문이다.

　필자는 늘 새로운 감성과 잃어버린 순수함을 찾고 싶었다. 주변에서 흔히 들을 수 있었던 사람들 간에 얽힌 감동적인 이야기를 인문학과 접목시켜 富의 인문학 그 쉼표의 미학으로 힘들고 지친 사람들에게 다시 한번 자신을 되돌아볼 수 있게 하고 "아직도 세상에는 살 만한 가치가 있다"는 진솔한 이야기를 이 책을 통해 전해주고 싶다.

01

21세기
富의 인문학(人文學) 특강

길을 찾는 가장 빠른 방법은 그 길을 잘 아는 사람과 함께하는 것이다. 『21세기 인생수업, 富의 인문학』이 필자가 경험하고 터득한 다양한 성공의 법칙과 富를 통해 인생을 좀 더 아름답게 살아가는 방법을 안내하는 지침서가 되기를 기원해 본다.

인문학이라는 단어는 무게감 없이 쉽게 귀와 가슴에 와 닿는 배움의 시작이며, 사람과 사람 간의 힘든 장벽을 넘어서게 하는 학문이며 인간의 본성과 생각, 문화와 믿음을 다루는 분야이다. 그러니 인문학을 제대로 알면 부를 이룰 수 있다. "어떻게 인문학에 富를 결부시키냐"라고 반문하는 독자가 있겠지만 이 책을 모두 읽고 나면 이해가 되리라 믿는다.

왜냐하면 우리가 먹고, 마시고, 눈으로 보는 모든 마케팅과 고객을 유인하는 광고도 모두 고객 심리에 기반을 둔 인문학적 마케팅이 존재하기 때문이다.

子曰, 富而可求也, 雖執鞭之士, 吾亦爲之. 如不可求, 從吾所好.

공자님이 말씀하셨다. "부유함이 구해서 얻을 수 있는 것이라면, 비록 채찍을 잡는 일이라도 나는 그것을 하겠다. 하지만 추구해서 얻을 수 없을 것 같으면, 차라리 내가 좋아하는 바를 따르겠다."

『명심보감(明心寶鑑)』〈성심(省心)편〉에서 "큰 부자는 하늘에 달려 있고, 작은 부자는 부지런한 데서 온다(大富由天, 小富由勤)."라고 하였다.

그 富의 본질을 알기 위해서는 끝없는 탐구가 필요하다.

"出乎爾者 反乎爾(출호이자 반호이)라 너에게서 나간 것이 너에게로 돌아온다."는 뜻은 덕을 많이 쌓는 사람이 복을 많이 받는다는 뜻이지만 형이상학적으로 표현하면 인간의 본심은 착하고, 착한 일을 더 많이 하다 보면 주변이 밝아지고 종국에는 세상이 달라질 것이라는 뜻이다.

그런데 교회 십자가는 늘어나는데 악한 사람이 줄어들지 않는 이유는 무엇일까? 문에 틈이 있으니까 그 틈으로 먼지가 들어오고 마음에 틈이 있으니까 그 틈으로 유혹이 들어오는 법이다.

뜻대로 되지 않아도 원망하지 말고 스스로 돌아봐야 한다. 내 힘으로 바꿀 수 없는 일은 내 마음을 바꿔야 한다.

인생은 속도가 아니라 방향이다. 원하는 것이 있다면 방향을 명확하게 설정하고 꾸준하게 앞으로 정진해야 목표점에 빠르게 도달할 수 있다. 내가 어울리는 사람들이 바로 나의 미래이기 때문에 주변에 만나는 사람을 조심해야 한다.

수동적으로 열리지 않는 마음의 눈은 자발적인 의지의 힘이 필요하지만 사물의 현상을 시각적으로 확장할 수 있는 철학적인 힘이 필요하다.

한마디 말이 날카로운 칼이 되기도 하고, 혹은 솜처럼 따뜻하고 부드럽기도 하다.

어느 쪽을 택할 것인가는 우리의 마음에 달려 있다.

지혜를 얻는 세 가지 방법이 있다.

첫째, 사색으로 가장 고귀한 방법이다.

둘째, 모방으로 가장 쉬운 방법이다.

셋째, 경험을 통해 얻는 것으로 이것이 가장 어렵다.

- 공자 -

원하는 富를 이루기 위해서는 철학자의 눈으로 세상을 밝게 하는 새로운 눈을 가지며, 시대를 거슬러 변하지 않는 인간의 본성과 우주의 흐름을 간파할 수 있는 인문학적인 통찰력을 가져야 한다는 것이다.

게으르면서 행복한 사람은 많지 않은 듯하다. 행복 (happiness)은 'hap(우연)'에서 나온 단어다. 행복의 본질은 우연이 아니라 성공을 향해 노력하고 앞으로 나아가는 궁극적인 목표가 매우 중요하다는 뜻이다. 왜냐하면 우리 인생은 순탄한 삶이 아닌 거친 파도를 헤치고 목적지에 도달했을 때 비로소 더 큰 기쁨과 환희의 행복을 느낄 수 있기 때문이다.

행복에는 합리적으로 풀지 못하는 형이상학적인 요소들

이 많다. 예컨대 '만족', '기쁨', '즐거움', '재미', '웃음', '보람', '가치', '평온', '안정', '의욕', '희망을 그림' 등의 여러 요소가 포함된다. 이들 각각의 단어들이 의미하는 행복은 미묘하게 조금씩 다르다. 이들은 모두 일정한 정도의 좋다는 느낌을 나타낸다. 어떤 한 의미를 기준으로 그 희망이 실현되면 만족을 얻는다고 할 수 있다. 또 먼저 희망이 없었더라도 현재의 상태에서 좋음을 느끼면 그 부분을 만족이라 할 수 있다.

긍정적인 모멘텀의 좋은 느낌이 시간적으로 오랜 기간 방해받지 않고 장기간 유지될 때 초조해지는 상태가 나타난다. 왜냐하면 호사다마(好事多魔)란 말처럼 평화로운 평야에 폭풍이 들어닥칠 듯한 기분이 들기 때문이다. 사람은 무엇인가 노력하고 성취하고 이루어질 때 가치를 느낀다. 이렇게 가치를 느끼기에 의욕이 앞서는 사람은 작은 목표를 짜고 시간을 쪼개 달성하는 계획된 목표를 세운다.

미래에 더 좋은 상태를 꿈꾸고 그려보며, 희망을 불러일으키는 상태를 의욕이라고 표현하는데 5년 후, 10년 후, 30년 후 혹은 60대 이후 자신이 좋아하는 상태를 추상적으로 또는 구체적으로 마음속으로 그리며 좋은 느낌을 얻는 상태도 행복이라고 부를 수 있다.

어떤 일에 도전하기 위해서는 자신의 능력에 맞추어 목표를 세운 후, 그 목표를 달성하기 위한 계획을 세워야 한다. 목표를 세울 때에는 구체적인 목표를 정하되, 실현가능하면서도 조금은 어려운 목표를 정하는 것이 좋다.

도전 계획을 세울 때, 목표와 함께 도전하는 과정에서 겪게 될 어려움을 예상하면서 마음의 준비를 한다. 또한 목표, 도전 및 결과를 기록해 자신의 기록이 어떻게 향상되고 있는지 살펴보고, 도전을 끝낸 후에는 친구들과 함께 잘된 점과 잘못된 점을 서로 이야기하여 다음 도전을 계획할 때 수정하고 참고해야 한다.

우선 구체적인 목표를 정해야 한다.
목표가 없거나 '열심히 하자' 또는 '최선을 다하자' 등의 애매한 목표를 설정하는 것은 바람직하지 않다. 측정이 가능하도록 구체적으로 정해야 한다. 간절한 꿈이 있어야 열정적으로 움직일 수 있기 때문이다. 우리의 행복은 우리가 만들어나가는 습관과 계획에 달려 있다.

공자의 〈삼계도〉에서 이르기를 "일생의 계획은 어릴 때 있고, 한 해의 계획은 봄에 있고, 하루의 계획은 새벽에 있나니, 어려서 배우지 않으면 늙어서 아는 것이 없으며 봄에 밭을 갈지 않으면 가을에 거둘 것이 없다. 새벽에 일어나지 않으면 하루의 일이 제대로 되지 않을 것이니라."고 했다.

제(齊)나라 관중(管仲)이 지은 『관자(管子)』라는 책에 기록되기를,

一日之計在於晨, 一年之計在於春 (일일지계재어신, 일년지계재어춘)

하루의 계획은 새벽에 있고, 일 년의 계획은 봄에 있다.

一年之計, 莫如樹穀 (일년지계 막여수곡)

한 해를 위한 계획으로는 곡식(穀食)을 심는 것 만한 것이 없고,

十年之計, 莫如樹木 (십년지계 막여수목)

십 년을 위한 계획으로는 나무를 심는 것 만한 것이 없고,

百年之計, 莫如樹人 (백년지계 막여수인)

백 년을 위한 계획으로는 사람을 심는 것 만한 것이 없다.

많은 사람들이 신년이 되면 단주, 금연, 살빼기, 운동 등

1년 동안의 계획을 세운다. 그러나 작심삼일이라고 1주일 도 안 되서 정신이 몸을 이기지 못하고 게으름으로 빠져 든 다. 1년 계획을 세우고 시간을 접목시키면 매일매일 새로 운 계획을 세우고 내 인생을 생각한 대로 설계할 수 있다. 하지만 많은 사람들이 실천으로 목표점에 갈 수 있다고 믿 지만, 결국 삶은 자신이 계획한대로 움직여지지 않는다. 그 리고 전처럼 또 내년을 기약한다. 이런 삶을 우리는 몇 십 년을 반복하며 살고 있다.

젊어서 꿈을 잃고 그저 배만 채우다 죽음 앞에 이르렀을 때 왜 조금이라도 젊은 날에 더 성실히 살지 못하고 살았을 까? 후회를 많이 하게 된다. 계획대로 실천에 옮겨 자신이 목표한 곳에서 꿈을 이루고 행복한 삶을 살아가는 이들과 그저 살아내는 것에 의미를 둔 채 후회하는 삶을 살아가는 사람들은 무엇이 다를까?

필자는 간절함에 있다고 본다. 그 간절함 속에는 열정이 숨어 있다. 왜? '헝그리 정신'을 외치는 것일까? 필자는 항 상 부족함을 깨닫고 조금씩 하나하나 채워오면서 지금의 명 예와, 사회적 지위, 돈 걱정이 없는 삶을 누리게 되었다.

부는 권력과 재능이 사회적 환경과 맞아 떨어질 때 형성된다. 요즘처럼 코로나와 오미크론으로 배달 음식이나 인터넷 사업으로 부유해지는 사람이 있는가 하면 여행사, 노래방, PC방은 손실이 커서 폐업을 하는 경우가 많다. '부익부빈익빈' 현상은 시간이 지나면서 더욱더 많이 발생하게 된다.

부는 이러한 사회적 환경과 관계 속에서 주어지는 것이지만 큰 부는 개인의 노력으로 결정되는 것이 아니다. 총체적인 시스템으로 결정되기 때문이다. 필자의 강의를 들으셨던 도미노피자 10개 체인점을 운영하시는 분의 이야기를 들으니 매출액이 1.5배 뛰었다고 하셨다.

한 개 체인점당 인건비, 경비, 모두 공제하고 5백만 원씩 순수입이 발생하여 월 5천만 원 수입이었으나 현재는 월 7천5백만 원 순수입이 들어오기 때문에 시간적 경제적 자유는 물론 그 여유자금으로 NPL과 GPL에 투자하여 더 빠른 신흥부자가 되고 있다. 무엇보다 현금흐름이 충분한 GPL 투자는 사람들의 삶을 한층 더 풍요롭게 하고 그 풍요로움은 소비로 이어져 한국경제에 이바지하고 있다.

부(富)는 물과 같은 에너지 속성이 있다. 많은 물을 담으려면 큰 그릇이 있어야 한다. 그래서 큰 부자가 되려면 우주를 마음에 담을 수 있는 큰 그릇을 키워야 한다. 그것은 곧 사회적 권능이기도 하다. 그러나 아무리 큰 그릇을 준비하더라도 세상 부의 물결을 다 담아낼 수는 없다.

아무리 사회적 권능과 재능을 가지고 있더라도 한계에 부딪칠 수밖에 없다. 내 그릇에 금이 가 있거나 깨져 있다면 넘치는 물은 담아 낼 수 없게 되며, 넘치는 물이 흘러 내려가 이웃 마을에 모내기로 활용되는 혜택이 있다면 그 물은 덕으로 다시 돌아오게 된다. 그릇이 작은 사람이 어느 날 수십억 로또 당첨자가 되었는데 불행한 삶을 살아가는 이유는 그 돈을 자신의 욕심을 위해서 썼기 때문이다.

부천의 오리 요리 음식점에서 숯불을 갈아주는 평범한 직원이 있었다. 어느 날, 이분이 로또에 당첨되었다. 대부분의 로또 당첨자들은 새 집을 사거나 근사한 차를 사거나 배우자가 바뀌기도 한다. 그런데 이 겸손한 사람은 그 오리집을 매입해서 많은 어르신들에게 무료 점심을 대접하고 돈이 없는 사람들에게 음식으로 덕을 베푸는 행복한 삶을 살아가고 있다. 사회적 환경이나 부의 노예가 되지 않고 이

리저리 휩쓸리지 않는 멘탈은 그분이 태어날 때부터 갖춘 인성과 선한 성격에서 나온 것이다.

공자님도 富를 부정하지 않았다. "부자가 될 수 있다면 험난한 일이라도 하겠다."고 말씀하셨다. 만일 공자님께서 부자가 되었다면 혼자서 부를 가두려고 욕심내지 않고 흘려보낼 테니 많은 백성이 수혜를 입을 것이다.

필자가 '좋아하는 일'이란 무엇일까? 아마도 '공부'일 것이다. 많은 성인들도 호학(好學)은 우주의 진리를 터득하는 일이며 진리는 우주의 시작과 끝에 관한 이야기라고 했다.

富는 인간사회에서 만들어진 역사물이다. 만일 성인이 된 당신에게 "공부하라. 그러면 부자가 될 것이다"라고 한다면 좋아하겠는가? 그러나 공부를 좋아하는 사람에게 부자가 될 확신을 준다면 공부를 하찮게 여기지는 않을 것이다.

필자에게 기회가 주어진다면 방송에서 그 사실을 증명할 날이 오리라 기대해 본다.

부자들의 사주에는 식신생재(食神生財) 사주가 있다고 한다.

필자도 식신생재(食神生財) 사주를 갖고 있다. 지금 많이 배풀고 덕을 쌓고 있지만 앞으로도 더 많이 배풀어야 돈이 생긴다. 무심코 베풀었던 것이 시간이 흘러 큰 재물이 되어 자기에게 되돌아오는 것이다. 자식을 위해서 할 수 있는 최선의 행위도 바로 베풀고 나누는 것이다. 이런 것들이 쌓여 자식에게 간다.

부처님 말씀에도 "내가 가진 것은 영원히 남의 것이요. 남에게 주어버린 것은 영원히 내 것이다."라고 하지 않았던가? 투자 대비 효과가 가장 큰 행위가 바로 베풂이다. 살아오며 옳지 않은 선택은 없었다. 나와 다른 삶을 사는 사람도 길이 다를 뿐 나름 다른 베풂으로 살고 있었다.

필자도 벌면서 많이 베풀고 살아 더 큰 복으로 돌아오지 않았나 싶다. 이런 덕이 오늘의 '나'를 만들지 않았나 싶다.

02

부(富)의 시발점(始發點)은
작다

모든 사물(事物)의 시발점(始發點)은 작다. 富의 시발점(始發點)도 작은 것에서 시작된다. 첫발을 내딛기까지 수많은 고민을 한다. 고민하고 있다는 것은 적어도 괜찮은 선택이란 뜻이다. 삶에 있어 몇 번 더 실수한다 해도 괜찮다. 이것이 인생이니까.

우리 삶에는 내력과 외력이 있다. 아무리 어려운 일을 만나도 내력이 강하면 힘든 일을 겪어도 이겨 낼 수 있다.

"거미가 그물을 만들기 위해서 첫 줄이 가장 중요하다."

첫 줄이 질기고 강해야 다음 줄을 계속 엮을 수 있기 때문이다. 그래서 거미는 첫 줄을 칠 때 가장 많은 힘을 쏟아붓는다. 약하다 싶으면 걷어내고 다시 온 힘을 다해 첫 줄을 친다. 또 약하다 싶으면 미련 없이 걷어낸다. 그렇게 몇 차례 줄을 치고 걷어내기를 반복하여 가장 질기고 강한 첫 줄을 완성한다.

우리 삶은 어느 공간에 첫발을 내딛느냐에 의해 좌우된다. 사람이 태어나면 서울로 보내고 말이 태어나면 제주도로 보내라는 말은 요즘 집값 상승이 주는 富의 불균형과 자신의 처한 위치 상태를 보면 이해할 수 있다.

우리는 지금 어디로 향하고 있는가?

초로(草露)와 같은 내 인생을 어떻게 구성하고 있는가?

우리 인생의 첫 시간은 아침이다. 아침을 어떻게 다루느냐에 따라 삶의 목표도 더 빠르게 가까워질 수 있다.

모든 일은 기본적인 것부터 시작해야 한다.

아무리 하찮은 일이라고 해도 시작하지 않으면 아무것도 이룰 수 없다. 사람은 작은 돌부리에는 넘어지지만 큰 바위에는 넘어지는 법이 없다. 그 이유는 큰 바위는 눈에 보여 돌아가기 때문이다. 아무것도 하지 않고 넘어질까 두려워 집안에 두문불출하고 있어 시작조차 하지 않고 있다면 그 결과는 불 보듯 뻔한 일이다. 자, 이제부터 어떤 일이든 뜻을 세우고 시작하면서 한 걸음이라도 갈 수 있는 '시작'의 용기를 내보자. 처음부터 잘할 수는 없지만 조금씩 시도하면 어느새 목적지는 내 앞에 와 있을 것이다.

우리 사회에는 자신의 재능보다 빠른 성공을 원하고, 노력 없이 큰 성공을 얻으려다 다른 사람을 다치게 하는 사람들이 많다. 원하는 돈이 모여지지 않거나 직장에서도 입사 동기보다 빨리 승진하기 위해 조급하게 일을 처리하다 잘못돼서 승진도 늦어지고 금전적인 손실로 쉽게 실망하는 사람을 많이 보게 된다.

우리 인생은 장기전이다. 시작은 미약하더라도, 남들보다 조금은 뒤처지고 늦어지더라도 그게 끝이 아니다. 시간을 두고 꾸준히 공부하고 실력을 쌓다보면 반드시 결실 맺는 영광스런 날이 올 것이다,

"물방울이 모여 내를 이루고 벼 이삭이 모여 한 다발이 된다."는 인도의 격언을 기억하자.

03

뜻을 가지고 있는 사람(有志者)은 마침내 성공한다(事竟成)

유지자 사경성(有志者 事竟成). 뜻이 있는 사람은 결국 큰일을 이룬다. "성공하려면 인연을 소중히 하라."

이건희 회장님이 생전에 자주 하셨던 말씀이 있다.

첫째, 부자 앞에 줄을 서라.

　　산삼밭에 가야 산삼을 캘 수 있다는 뜻이다.

둘째, 남이 잘됨을 축복하라.

　　그 축복이 메아리처럼 나를 향해 돌아온다.

셋째, 내가 아프면 아무리 돈이 많아도 대신 아파줄 사람이 없으

　　니 건강할 때 건강관리에 신경 써야 한다.

국내 기업의 최고 경영자(CEO)들이 평생 교훈으로 삼았던

사자성어는 순망치한(脣亡齒寒)이다. 이것의 원래 의미는 '입술이 없으면 이가 시리다.'인데, 이를 풀이하면 '하나가 없으면 다른 것도 온전하기 어렵다.' 의역하면 '사람과의 인연을 소중히 여긴다.'는 뜻이다.

불교 원리 체계의 중심에는 '인연'이라는 것이 있다. 여기에서 인(因)은 결과를 부르는 직접적인 원인이며 연(緣)은 인을 도와 결과를 낳는 간접적인 원인이다. 또는 인과 연에 의해 정해진 모든 생멸(生滅)의 관계이기도 하다. 다른 인연에 의한 것, 다른 사람에게 의존하는 관계로 해석하기도 한다.

성공하는 사람들의 인연법은 확실히 다르다. 자신에게 덕이 되고 자신이 본받아야 할 사람에게는 철저하게 자신을 낮추어 배운다. 성공을 위하여 겸손한 자세로 자신만의 확실한 신념이 있다.

[성공하는 사람들의 일곱 개의 습관]이란 대개 이렇다.
첫째, 자기 자신에게 진실하고 남에게도 진실할 것,
둘째, 항상 성실할 것,
셋째, 신뢰를 그 무엇보다 우선으로 여길 것,

넷째, 항상 최선을 다할 것,

다섯째, 날마다 새로운 것을 생각할 것,

여섯째, 좋은 친구를 사귈 것,

일곱째, 끊임없이 더 나은 미래를 꿈꿀 것 등이다.

확실히 오늘날같이 다변화된 사회 속에서 자기 혼자만의 노력으로는 성공하기 불가능하다. 중요한 것은 미완성인 나를 인도해 줄 다른 스승이 필요하다는 말이다. 세상을 살아가다 보면 선한 인연이든, 악한 인연이든 수많은 인연을 만든다. 그 인연을 받아들이는 마음의 자세가 무엇보다도 중요하다.

악한 연은 빨리 끊어 버리고 좋은 인연은 나의 것으로 만들어야 한다. "인간은 정직하게 자기를 닦은 만큼 그 인연이 따라오며, 철저한 인과응보 법칙이 따라온다. 그러므로 자기 자신에게 다가오는 티끌의 인연조차도 가볍게 넘기지 말라." 법구경 말씀이다.

무엇을 하겠다고 뜻을 굳히면 강인한 의지로 실천해야 한다. 鴻鵠之志(홍곡지지: 큰 기러기와 고니)나 呑舟之魚(탄주지어: 배를 삼킬 만한 큰 물고기)의 포부를 가진 사람은 주위의 흔들림에 상관없이 밀고 나간다.

가난하고 먹을 것이 없었던 시절, 어려운 환경을 이기고 뜻을 세워 노력하여 목적을 달성한 사람의 전기가 바로 立志傳(입지전)이다. 오늘날엔 빈부의 격차가 크고 단계적인 신분상승도 쉽지 않은 환경에 처해 있다. 젊은이들이 절망하는 3포 시대가 왜 도래했을까? 희망이 없기 때문이다. 필자가 살아온 시대에는 공부하고 노력하면 원하는 직장에 들어갈 수 있었다.

어떻게 하면 소득을 높여 잘살 수 있고 100세 시대에 안정적인 인생을 살 수 있을까?

각자가 스스로 준비하지 않으면 끔찍한 노년이 닥칠지도 모른다. 나와 내 후세에 불안한 미래를 안겨주지 않기 위해 고민하고 또 고민해야 할 것이다.

겨울이 없는 나라의 나무는 나이테가 없다. 겨울이 없는 봄은 행복하거나 즐겁지가 않다. 만약 우리 삶에 고난과 역경이 없다면 성공의 열매 역시 달지도 않을 것이다.

힘들다고 좌절하지 말고 두 손을 잃었지만 최선을 다해 살아오신 필자가 만난 목사님처럼 열심히 노력하며 살아야겠다고 오늘 다시 한번 다짐해 본다.

04

사마천의 '화식열전(貨殖列傳)'에서
배우는 부자 경제학

진주는 해변에 널려 있지 않다. 진주를 얻으려면 바닷속으로 들어가야 한다.

인생을 살아가는 데 꼭 해결해야 하는 불가피한 과제가 있다.

이 과제는 오직 대인관계로만 풀 수 있다. 어린이는 부모의 보호를 받으면서 스스로 아무것도 하지 않아도 살아갈 수 있지만, 성장하고 나서는 직업을 가져야 한다.

기적은 하늘을 날아다니는 것이 아니라 땅 위를 내 두 발로 걸으며 확인하는 것이다. 고난과 시련은 우리를 힘들게 하지만, 내면을 더욱 단단하고, 아름답게 만든다. 우리에게 다가오는 다양한 고난은 우리 삶을 윤기 있고, 생동감 있게 만들 것이다.

〈화식열전(貨殖列傳)〉은 중국의 사서(史書)인 『사기』와 『한서(漢書)』에 나오는 편명(編名)이다. 중국 춘추 말기에서부터 한나라 초기까지를 일대로 하며, 재물을 모아 부자가 된 사람들의 이야기와 각 지방의 풍속, 물산, 교통, 상업 따위를 서술하였다.

내가 운영하는 카페의 카테고리 '라첼의 셀프경매'에 쓴 칼럼을 인용하였다. 이분은 고려대학교 역사학과 출신으로 필자의 강의를 수강했었다.

필자는 이분에게 책 쓰기를 권한 다음 출판사와 출판사 대표를 소개해 주었다. 이분은 자신의 다양한 재테크 경험을 살려 곧 책을 써 내려가기 시작하더니 바로 책을 출간했다. 책 제목은 『상가투자로 비지니스하라』이다.

부자가 되기 위해서는 많은 것이 요구되는 것이 아니다. 2000년 전 중국 한나라 시대 유명한 사가였던 사마천은 당시 흉노에 투항한 이릉이라는 장수를 변호하다 한무제의 노여움을 얻게 되었고 결국 궁형이라는 남자로서는 치욕적인 징벌을 당한다.

당시 한나라 시대에는 2만 냥 정도의 속전을 내면 죄를 사면받을 수 있는 제도가 있었으나 돈이 없었던 사마천은 궁형을 당했다. 이후 자신이 저술한 유명한 『사기』의 마지막 편에 당시 한나라 시대 부자 스토리 열전인 화식열전을 지어 위안을 삼았다.

사마천은 『사기』〈화식열전〉편에서 여러 부자를 소개하며 이렇게 결론을 내렸다.

"돈은 아무나 버는 것이 아니다. 머리를 굴려야만 돈을 벌 수 있다. 세상이 유수처럼 변화하는 만큼 그에 따른 유행과 시세를 민첩하게 포착하는 아이디어를 내면 누구나 돈을 벌 수 있다."

사마천은 당시 한나라 사회의 경제 활동에 대한 뛰어난 통찰력을 바탕으로 부자들의 몇몇 특성과 사례를 서술하였다.

첫째, 세상이 흘러가는 이치, 즉 Trend(트렌드)를 파악하라.

예를 들어, 파촉 지역에 살던 과부 청(淸)의 조상은 '단사'가 많이 나는 동굴을 발견해 그 이익을 여러 대에 독점함으로써 억만금을 벌었다. 진시황 시대 이후 한나라 시대는 도교를 믿는 도사들이 불로장생이나 방중술에 쓰기 위해 '단약'이라는 약을 만들었는데 이때 쓰이는 약재가 '단사(丹沙)'였다. 진시황의 무덤에도 수은을 흘려 강처럼 만들었다는 기록이 있을 만큼 수은은 매우 비싼 광물이었다. 과부 청은 수은이 포함된 단사 채굴업으로 사업을 크게 번창시켰다. 덕분에 진시황으로부터 여자임에도 불구하고 특별 초청을 받고 천자와 같은 대우를 받았다.

둘째, 사람의 욕구를 파악하라.

화장품을 팔아 돈을 번 '옹백'이라는 인물이 있었다. 당시 한나라는 여자들이 머리를 빗어 뒤로 틀어 올리는 헤어스타일이 유행했다. 새까만 머리를 잘 빗어 틀어 올리려면 머릿기름이 필요했다. 옹백은 머리치장에 빠질 수 없는 질 좋은 머릿기름을 팔아 큰돈을 벌었다.

'질 씨'라는 인물은 칼을 갈아 번 돈으로 제후처럼 살았다. 춘추 전국 시대 이후 남자들 사이에는 너 나 할 것 없이 칼을 차고 다니는 것이 대유행이었다. 심지어 문인조차 죽간이나 목간에 글을 새기기 위해 칼을 차고 다녔다. 여자의 화장품처럼 칼은 남자에게 필수품이었다. 다양한 칼이 소비되는 사회에서는 칼 가는 일도 사업이었다. 질 씨는 대형 칼갈이 공장을 차려 놓고 밀려드는 손님을 상대해서 큰돈을 벌었다. 사람의 욕구를 정확하게 간파하는 것, 이것이야말로 상인이 성공할 수 있는 열쇠다.

셋째, 상황판단 능력과 미래를 정확하게 보는 눈을 키워라.

진나라 말기 '임(任)' 씨 성을 가진 상인은 앞날을 보는 예측력이 뛰어났다. 진나라가 망하게 되자 세상이 어지러워지면서 군벌들이 마구 설쳤고, 이들은 전국 곳곳을 돌며 귀중품을 약탈했다. 그러나 임 씨는 재물은 거들떠보지도 않고 곡식만 챙겨 동굴 속에 숨겨 놓았다. 이후 어지러운 시절에 흉년까지 들었다. 임 씨는 값이 오를 대로 오른 곡물을 판 후 재물을 사들여 부자가 되었다.

부는 가난의 반대 수식어가 아니다. 시대를 통찰하는 인문학적 향기가 필요하다. 빠르게 변화하는 세상에 그에 따른 유행과 시세를 민첩하게 포착하는 아이디어를 내면 누구나 쉽게 돈을 벌 수 있다.

인도의 경제학자이자 노벨상 수상자인 아마르티아 쿠마르 센이 "가난은 단순히 돈이 부족한 상태가 아니라 한 인간이 자신의 잠재력을 온전히 실현할 가능성이 없는 재능 낭비를 뜻한다."라고 말한 강좌에서 필자는 인문학적인 접근의 필요성을 새롭게 알았다.

향기(香氣) 나는
富의 인문학(人文學)

향기(香氣) 나는
富의 인문학

    말이란 받아들이는 사람의 심성과 상황에 따라 각양각색으로 물든다. 그래서 말은 듣는 이의 소유다.

    인문학은 추운 겨울에도 꽃을 피우는, 사람 냄새 나는 삶에 관한 이야기다. 인문학은 지식을 얻는 독서와 달리 사람이 사용하는 언어에 옷을 입히고 사람마다 다른 표현으로 감동과 전율을 얻게 해준다. 같은 주제를 이야기해도 책이나 영상의 표현이 다르고 때로는 우리 삶에 도움이 되는 매끄럽게 사는 방법을 배우기도 한다. 그래서 우리는 향기 나는 인문학을 먹으며 경제적으로 여유가 생기고 고민 없고 복잡하지 않은 삶을 살 수 있다고 필자는 이야기한다.

    인문학을 대할 때는 고전의 시대적 배경과 특징을 잘 살려 생각을 담아야 한다. 다른 사람의 단점을 지목하며 비난하는 말은 평생에 치유되지 않는 마음의 상처를 주거나 언젠가 그 말이 더욱 더 날카로운 검으로 나에게 돌아올 수 있다. 반면 누군가의 장점을 말하고 단점은 감싸주면 그 말은 향기로 나에게 돌아온다.

 지혜롭게 사는 것은 소중한 것을 잘 헤아릴 줄 아는 것이다.

 고전에서 배우는 삶의 다양한 지혜와 간접경험으로 우리들에게 다가오는 가치와 중요성은 현대에 이를수록 더 중요하게 느껴진다. 그렇기 때문에 '인문학의 향기'는 메마른 우리의 삶에 꼭 필요하다.

 지적인 도전을 멈추지 않는 것이 진짜 지혜로운 사람이다.

 필자가 만난 정병태 교수님은 "인간은 누구를 만나느냐에 의해 삶이 좌우된다. 성공한 사람들의 비밀을 나누는 소모임 '인문학 스프'는 우리 마음에 신의 무한성을 배우려는 지성인의 생각을 심어주었다. 인생의 창의적 여행을 떠나게 하는 모임이다."라고 하셨다.

 미래학자 앨빈 토플러는 보이는 부보다 보이지 않는 부가 세상을 이끌어 간다는 신묘한 부자 마인드를 담은 인문학 마케팅으로 성공한 사람이다.

 우리 삶을 만들어가는 것은 바로 우리의 '생각'이다. 그 생

각은 인문학에서 비롯된다. 빠르게 변화하는 시장의 트렌
드를 찾아내고 고객들이 오기도 전에 준비하여 맞이하는 기
업이 성공할 수 있다. 시각, 청각, 촉각 등 사람들의 욕구를
자극하는 감성 마케팅이 매일 실시간 변화되기 때문이다.

문학, 역사, 철학 등 인문학의 향기가 바탕이 될 때 미래
를 알아가는 재미가 생기고 감동이 일어난다. 그리고 우리
도 모르는 사이 그 사색의 향기는 벌과 나비를 불러들이게
된다.

덕이 많은 군자는 친구가 많고 외롭지 않은 이유가 향기
나는 말을 하기 때문이다. 우리는 이런 인문학을 통해 미래
를 바꿀 수 있고 '신흥부자'가 될 수 있다.

타인을 아는 사람은 지혜롭지만 자신을 아는 사람은 현명하다. 타
인을 이기는 사람은 힘이 있지만 자신을 이기는 사람은 강하다.

― 『도덕경』

05

사람(人)이 멀리 생각하지 아니하면 큰일을 이룰 수 없다(人無遠慮難成大業)

한 사람의 눈이 어디에 시선을 두느냐에 따라 많은 것이 달라진다. 어제는 과거였지만 오늘부터는 현재이기 때문이다. 인생은 혼자 왔다 혼자 가지만 그 긴 시간과 사이를 채워 주는 건 사람이다. 그래서 사람이 꽃보다 아름답다고 한다. 이런 시간의 공간을 어떤 채움으로 나아가느냐로 성공과 실패가 갈라진다.

人無遠慮 難成大業(인무원려 난성대업).
사람이 먼 장래를 생각하지 않으면 큰일을 이룰 수 없다.

안중근 의사가 여순 감옥에서 형장의 이슬로 사라지기 전, 『논어』〈헌문〉편을 인용해서 쓴 글귀인데 필자가 좌우

명으로 삼을 만큼 수십 년 동안 곱씹고 되새기며 살아가고 있다.

필자는 중학교 1학년 여름, 빚만 남기고 갑작스럽게 세상을 떠난 아버지 때문에 지독히도 가난한 유년시절을 보냈다.

먹을 것이 없어 칡뿌리, 민들레, 쑥으로 배를 채우고 살았던 적도 있었다. 강아지, 토끼, 병아리, 돼지 새끼를 키우며 어렵게 살다 초등학교(당시 국민학교)에 들어갔는데 운동부에 들어가면 훈련을 마치고 라면과 계란을 먹을 수 있어서 육상부에 들어가 굶주린 배를 채웠다.

중학교에 입학하기 전 천자문을 독파하고 운동을 그만두고 고전과 철학에 빠져들었다.

두보(杜甫)의 시 〈증위좌승(贈韋左丞)〉에, "만 권의 책을 독파하고 나니 붓을 들어 글을 짓는 것이 신들린 것 같더라(讀書破萬卷 下筆如有神)"라고 자신의 공부를 술회하였듯 필자도 이후 다양한 글을 적어 집필했지만 그 흔적은 가난으로 어디에 있는지 알 수가 없었다.

[제2강] 향기(香氣) 나는 富의 인문학(人文學)

필자는 고등학교 입학 당시 인문계를 포기하고 실업계 상고에 입학했다.

고등학교에 입학 후 철학과 인문학에 심취하고 당시 친구들로부터 '공자'라는 별명을 듣고 살았다. 고3때 집안 생활비를 대주시던 형님이 교통사고를 당해 사망한 후 실의에 빠져 고등학교를 졸업하고 바로 군에 입대하였다.

필자는 강원도 최전방 강원도 인제군 원통면 서화리 민통선에서 30개월 국방의 의무로 군인 시절을 보냈는데 당시 그곳은 민간인을 볼 수 없는 곳이었다. 많은 선임병들에게 연애편지와 대대장 연설문을 써주고 군대 내에서 '문학소년'이라는 별명을 얻었다. 필자는 '반공의 날'에 웅변대회에서 직접 쓴 글로 최우수상을 받아 특별휴가를 받기도 했다.

군대를 제대하고 동양철학과 서양철학을 독파하다 생계를 위해 서울 종로시험 센터에 들렀다가 우연히 신문에 신입 행원 모집공고를 보고 영어, 상식, 수산개론 시험을 보고 차석으로 입행했다.

입행 시 쓴 자기소개서는 화제가 되었다.

어떻게 이런 인재가 우리 직장에 들어왔냐며 사람들 입에 오르내리기도 했다.

그냥 평상시 올바른 생각과 인성으로 책을 많이 읽었을 뿐이었는데…

입사 후 못다 한 공부를 위해 서울고척동 큰누나 집에서 출퇴근을 하며 주경야독(晝耕夜讀)하였다. 낮에는 일하고 밤에는 글을 읽으며 바쁘고 어려운 중에도 꿋꿋이 공부했다.

처음 입사 후 직장상사는 업무가 끝나면 매일같이 술집에 데리고 다니며 술을 가르쳤다. 처음에는 왜 이렇게 쓰디쓴 소주를 마시며 즐거워하는 것일까? 이해하지 못했지만 아버지의 피는 속일 수가 없었다. 그렇게 술 마시며 즐기느라 잠시 공부를 게을리하며 10년 허송세월을 보냈다.

"야~ 상준아, 넌 뭘 그렇게 세상 어렵게 사냐! 뭔 공부야, 그냥 인생을 즐기며 살아, 이 형을 봐. 재미있게 인생을 풍미하여 세월을 낚으며 노래도 부르며 즐겁게 살잖아~ 우리 아우도 힘들게 세상 살지 말고 즐기며 살아. 언제 어떻게 될지 모르는 게 인생이야~"

직장상사에게 이런 말을 듣고 이 사람이라면 승진도 시

켜 주고 직장에서 성공도 하겠구나 싶어, 술과 풍류를 즐기며 10년을 보냈다. 그러던 중 필자를 승진시켜줄 것 같던 과장, 지점장이 직장을 용퇴하고 나갔다.

필자는 어이가 없었다. "이 사람의 말을 듣고 덧없이 흘려보낸 10년의 삶을 누구도 보상해 주지 않는구나~"

후회하고 있을 무렵 어려서 같은 동네에서 자란 친구로부터 삶을 바꿀 충격적인 말을 듣게 되었다. 이 친구는 ○○일보에 입사하였고 지금은 부국장으로 재직하고 있는데, "난 기자가 천직이야."라면서 자신의 직업에 만족하고 있었다.

친구가 하루는 직장동료의 부친상 때문에 인천에 온다며 시간을 비워 달라는 연락을 했다. 우리는 길병원 영안실 1층 커피숍에서 반갑게 만나 커피를 한 잔 마셨다.

그때 친구가 필자에게 던진 충격적인 말로 내 삶은 완전히 바뀌었다. "상준아! 너는 고등학교밖에 안 나왔는데 은행에서 대리도 달고 잘하고 있는 거야." 친구는 잘한다고 용기의 말을 전했지만 필자는 충격을 받았다.

친구의 아버지는 고등학교 서무과장으로 재직을 하셨고 집안도 동네에서는 부유했다. TV가 없었던 시절 이 친구 집 뒷밭에 가서 잡초를 뽑아주고 저녁에 TV를 봤다. 초등학교 숙제를 하지 못하면 이 친구 집에 가서 동아전과를 빌려 숙제를 하였고, 친구 집에서 잔치가 있던 날 처음으로 달콤새큼하고 묘한 탕수육 맛을 보았다.

친구와 헤어지고 집에 와서 필자는 긴 한숨과 함께 다짐을 했다.

人無遠慮 難成大業(인무원려 난성대업) '사람은 먼 장래를 생각하지 않으면 큰일을 이룰 수 없다.'는 글을 붓으로 적으며 결단을 내렸다.

가위로 오려낸다는 뜻이 있는 결단은 과거와의 단절 그리고 내 자신과의 약속이다. 필자는 습관과 생각을 바꾸고 50세 전까지 박사학위를 받으려는 계획을 짰다. 시간을 쪼개 도전한 결과 45세에 박사학위를 받았다. 일과 공부를 병행하여 성공의 길을 가는 필자를 좋아하고 반기며 축하해 주는 직원들은 많지 않았다. 음해하는 직원으로 인하여 입사 20년 만에 평직원으로 발령이 나는 시련을 겪기도 했다. 입사 동료는 지점장을 달고 있었는데 말이다.

필자는 주경야독으로 야간대학에서 경제학과 경영학을 공부하고 졸업하였다. 일은 점점 늘고 해야 할 공부는 쌓여서 주경야독을 해야 했다. 대학원에서 국제금융 MBA를 졸업하고 박사학위를 취득하였다. 공부는 결코 내 인생을 배반하지 않았다. 야간대학을 졸업하고 곧바로 한국외국어대학교 국제금융 MBA(경영대학원)를 졸업한 후 행정학으로 박사 학위를 받고 책을 쓰기로 결심했다. 『스마트한 연애사용법』이라는 연애와 관련된 책을 처음 출간한 후, 경매 관련 책으로『평범한 샐러리 맨 투잡 경매로 5년에 10억 벌다』를 출간하며 다양한 책을 집필했다. 지금도 이렇게 富의 인문학 책을 출간하며 많은 것을 도전하고 있다.

필자는『인문학으로 배우는 21세기 인생 수업』, 『360° 매일매일 한 줄 인문학』, 『富의 인문학』으로 독자들에게 수많은 지식을 전하고 독자들의 지혜와 지성을 일깨워주는 동시에 다양한 연령대의 사람들과 소통하며 인문학을 전파하고 있다.

실패를 두려워하지 말라. 실패를 덮으려 힘쓰지 말라. 실패로부터 배우고 다음을 도전하라. 실패해도 괜찮다. 실패하지 않으면 성장할 수 없다.

― H. 스탠리 저드

06

富의 인문학(人文學)으로 바라본 가치

사람 사이에 좋은 감정 나쁜 감정이란 없다. 그것을 대하는 우리의 태도가 또 다른 감정을 만들 뿐이다. 삶은 멀리 보이는 산 정상이 아니고 한 치 앞도 알 수 없는 광야와 같다. 그 광야에서 실패를 통해 성장한다. 예전의 나는 더 단단해지고 더 나은 나로 성장하고 아름다워진다.

필자는 아침에 샤워 후 명상과 기도로 하루를 시작한다. 사람은 늘 새롭게 태어나야 한다. 아침에 샤워할 때 쏟아지는 물이 염산이라 생각하고 매일매일 새롭게 태어나는 생각을 한다. 샤워 후 온몸의 뼈가 염산에 녹아 없어지고 나를 기억하는 마음까지 우주의 요술 보자기로 날려 보내는 마음으로 매일 새롭게 태어나고 있다.

마치 창공을 처음 날아가는 새처럼 처음으로 대지에 발을 내딛는 동물처럼 매일 허물을 벗고 새롭게 태어나는 뱀처럼, 허물을 벗고 새롭게 태어나자. 허물을 벗지 않는 뱀은 결국 죽고 만다.

　인간도 이와 같다. 니체는 "낡은 사고의 허물 속에 언제까지고 갇혀 있으면, 성장은 고사하고 안쪽부터 썩기 시작해 끝내 죽고 만다. 늘 새롭게 살아가기 위해 우리는 사고의 신진대사를 하지 않으면 안 된다."고 했다.

　"모두가 세상을 변화시키려고 생각하지만, 정작 스스로 변하겠다고 생각하는 사람은 없다." 톨스토이의 명언처럼 남들은 변해야 한다고 생각하면서 정작 자신은 변화하려고 노력하지 않으면 그처럼 위험한 생각은 없을 것이다.

　'일신우일신'하는 마음으로 허물을 벗고 고해성사를 통해 새롭게 태어나듯 허물을 벗듯 매일 새로운 생각과 삶을 가져보면 어떨까?

　그러다 보면 삶의 가치를 발견하게 된다. 이때가 어느 경지를 맛보게 되는 때이다.

　어느 대학 경영학 교수가 강의 도중 갑자기 오만 원짜리 지폐를 꺼내 들었다. 그리고 "이거 가질 사람 손들어보세요"라고 했더니 2/3가 넘는 학생들이 손을 들었다.

그걸 본 교수는 갑자기 오만 원짜리 지폐를 주먹으로 꽉 쥐어서 꾸기더니 다시 물었다.

"그럼 이 꾸겨진 돈 가질 사람 손들어보세요." 이번에도 많은 학생들이 손을 들었다. 교수가 그걸 다시 바닥에 내팽개치며 발로 밟았다. 지폐는 꾸겨지고 신발 자국이 묻어서 더러워졌다.

교수가 또다시 물었다. "이 더러워진 돈 가질 사람?" 당연히 학생들은 이번에도 손을 들었다. 그걸 본 교수가 학생들에게 말했다.

"여러분들이 꾸겨지고 더러워진 오만 원짜리 지폐일지라도 그 가치는 변하지 않는다는 것을 잘 알고 있는 것처럼 '나'라는 것의 가치도 마찬가지입니다. 꾸겨지고 더러워진 '나'일지라도 그것의 가치는 전과 다르지 않게 소중한 것입니다. 실패하고, 사회의 바닥으로 내팽개쳐졌다 할지라도 좌절하지 마세요. 여러분의 가치는 무엇보다 소중합니다. 저는 이 세상에 존재하는 모든 사람이 '나'란 것의 가치를 소중히 여기면 좋겠습니다. 소중히 하는 '나' 못지않게 내가 사랑하는 사람들, 내가 좋아하고 또는 싫어하는 사람일지라도 그 가치를 얕보지 않기를 간절히 바랍니다."

그렇다. 자기 자신의 가치를 중히 여길 줄 알아야 더 원대한 꿈을 이룰 수 있다. 이 글을 읽는 순간 '나'의 가치에 대하여 깊이 의미를 생각해 보면 어떨까?

가치 없는 돌 한 조각이 황금 술잔에 상처를 낼 수 있어도, 그 돌조각의 가치는 증가하지 않으며, 금의 가치도 감소되지 않는다.

자신의 꿈이 실현되지 않았다고 불쌍하다고 생각하지 말라.

정말 불쌍한 것은 한 번도 꿈을 꾸어보지 않았던 사람들이다.

– 에센바흐

07

부자(富者)들은 언제나 독서(讀書)를 한다

성공한 부자들은 항상 독서를 하고 있다.

"가장 짧은 시간에 성공하는 확실한 방법이 독서이다."라고 말하면 독자 여러분 중에 독서를 많이 하는 사람은 동의할 것이고, 그렇지 않은 분들은 동의하지 않을 것이다.

28세, 빚을 얻어 결혼했다. 급여 날에는 모든 돈이 자동이체와 대출금 이자로 빠져나갔다. 대출은 또 다른 대출을 받게 하고 빚은 계속 늘어났다. 결국 캐피탈과 개인 사금융 이용으로 생활비를 충당해야만 했다.

당시에 친형같이 믿었던 친구는 이런 사정도 모르고 돈을 빌려 달라 요청했고 딱한 친구가 더 안쓰러워 돈을 빌려 주었는데 이 친구가 사기 전과 3범의 사기꾼이었다. 불행은 또 다른 불행을 몰고 한꺼번에 찾아왔다.

빚을 청산하려고 진도 모피 다단계에 빠져 잘못된 만남과 선택으로 감당할 수 없는 더 큰 빚이 늘어만 갔다. 이로 인해 가정불화는 더 커졌고 아버지가 간경화 판정을 받았으나 치료비가 없어 그냥 세상을 떠나보내 드려야만 했다.

아무리 노력해도 빚을 갚을 능력은 안 되고, 원금과 이자는 늘어만 갔다. 모든 걸 체념하고 성수대교를 거닐며 투신자살을 시도하기도 했다.

그 당시 빚 3억을 갚기 위해서 안 해 본 일이 거의 없었다. 하루 4시간씩 자면서 신문 배달, 우유배달, 주말 세컨잡, 영등포역 앞 한일 호프 타운 웨이터 생활, 목재 가구공단 목재일 등, 쓰리 잡, 포 잡을 하다가 쓰려져 기절한 적도 있었다. 이때 깨달았다. 열심히 노력만 해서는 이 상황을 극복할 수 없다는 것을. 필자는 더 좋은 방법을 찾아야 했다.

그 이후로 시간을 아껴 책을 읽고, 성공한 재테크 유튜브 강의를 듣고, 멘토를 찾아다녔다. 필자는 필자를 깨우친 이들이 전하는 세상의 지식과 실전 노하우를 하나씩 채워갔다. 그래서 배우고 터득한, 성공한 사람들의 교훈을 하나씩 하나씩 내 삶에서 실천해 갔다.

돈은 시간과 몸을 맞바꾸며 사는 삶에서 채워지지 않는 다는 진실을 깨닫게 되고 시간과 노동을 바꾸지 않을 방법을 찾아냈다.

생계형 경매를 하여 얻은 수익보다 강의하면서 얻어지는 수익이 훨씬 크다는 사실을 알게 되면서, 일하는 시간은 훨씬 줄이면서 더 많은 돈을 벌 수 있었다.

도대체 왜? 하는 시간은 줄었는데 수입은 훨씬 더 늘어났을까?

그것은 바로 '선택의 힘'이었다. 우리는 매 순간 무언가를 선택하고, 그에 따라 행동한다. 그 행동의 결과가 누적되어 내 미래를 결정한다.

그렇다. 우리에게 중요한 것은 수없이 많은 선택지 중에서 가장 좋은 것을 '선택할 수 있는 힘'을 갖추는 것이다. 아무리 열심히 살아도 잘못된 선택을 한다면, 열심히 하는 것이 오히려 나쁜 결과를 가져올 수 있다. 한때 잘못된 선택으로 내 평생의 모든 것을 송두리째 잃어버린 것처럼 말이다.

주변에서 돈을 많이 번 성공한 사람들을 보고 이런 생각을 해본 적이 있다.

"어떻게, 저 사람은 일도 하지 않고 부동산 투자로 내 연봉의 5배~10배를 벌었지?"

"어떻게, 저 사람은 초등학교 졸업으로 나보다 학력이 안 좋은데 성공한 기업가가 되었지?"

"어떻게, 저 사람은 나와 같은 샐러리맨인데 40대에 벌써 은퇴준비를 끝냈지?"

그 이유는 간단했다.

성공으로 가는 길목으로 들어가는 멘토와 재테크 툴을 만나 식지 않은 열정으로 행동을 한 것. 이것이었다.

진정한 비전은 내가 가고자 하는 목적지에서 또 다른 목적지를 바라보는 혜안이다. 멘토를 만나 선택과 집중으로 식지 않는 열정을 통해 좋은 결과를 만드는 방법은 분명하다.

하루에도 수많은 오고 가는 사람들을 만나고 헤어진다. 그 만남의 시간 속에 나의 미래를 바꿔줄 사람이 있는지 고민해 봐야 한다.

성공한 사람들의 습관과 생각 가치관을 짧은 순간에 경험하기란 쉽지 않다. 그렇다면 어떻게 해야 할까? 가장 짧은 시간에 얻을 수 있는 가장 효과적인 방법은 '독서'이다.

투자의 귀재인 워런 버핏은 "당신의 인생을 가장 짧은 시간에 가장 위대하게 바꿔 줄 방법은 무엇인가? 독서보다 더 좋은 방법을 찾을 수 없을 것이다."라고 했다.

영국의 정치가인 베이컨은 "독서는 충실한 인간을 만든다"고 독서의 중요성을 설파했으며, 세계 제일의 갑부인 빌 게이츠도 "오늘의 나를 있게 한 것은 우리 마을의 도서관이다. 하버드대학교 졸업장보다 소중한 것이 독서하는 습관이다"라며 독서를 생활화하였으며, 이를 바탕으로 세계 제일의 갑부가 되는 근원을 마련하였다.

세계 4대 성인 중 한 사람인 소크라테스는 "남의 책을 많이 읽어라. 남이 고생하여 얻은 지식을 아주 쉽게 내 것으로 만들 수 있고 그것으로 자기 발전을 이룬다."라고도 하였다.

우리는 책을 통해서 가장 짧은 시간에 가장 효과적으로 세상의 지식을 내 것으로 만들 수 있다. 그 지식과 지혜의 힘으로 내 앞에 펼쳐지는 수많은 질문들에 대해 더 좋은 답을 찾을 수 있다.

지금보다 더 나은 미래를 원하는가? 그렇다면, 내 삶을 변화시켜 줄 책을 내 곁에 가까이 두고 읽고 또 읽어보자.

一日不讀書(일일불독서), 口中生荊棘(구중생형극)

하루라도 글을 읽지 않으면 입안에 가시가 돋아난다.

白日莫虛送(백일막허송)하라. 靑春不再來(청춘부재래)로다.

백 일을 헛되이 보내지 말라 청춘은 두 번 오지 않는다.

누구나 그렇듯이 자극받는 글이나 옹달샘 같은 맛깔스런 책을 읽으면 용기가 솟구쳐 삶에 한번 도전해 봐야겠다는 전율이 흐르기도 한다.

홀로 등잔불 아래 책을 펼쳐 놓고 옛사람을 벗으로 삼는 것은 각별한 위로가 되는 일이다. 명문(名文)을 모은 책의 감명 깊은 대목들, 노자(老子)의 명언(名言)들, 장자(莊子)의 제편(諸篇) 등, 옛 시대의 정취가 있는 것은 더 느낌이 온다. 짧은 글이지만 요시다 켕 코 오의 〈방의 정취〉는 작가의 인품이 물씬 풍겨나는 글이다. 정갈한 방 등잔불 아래서 책장을 넘기는 작가의 모습이 눈에 선하지 않은가?

독서는 개개인의 삶에 다양한 영향을 미친다.

우선 깊은 통찰력과 사고력을 길러 주고 올바른 사회관과 세계관을 심어주며, 수백, 수천 년 전의 현자를 만나 대화를 하고 다양한 지식을 습득할 수 있도록 해 준다.

책은 간접경험을 통해 실제적으로 하지 못한 모든 것을 가능하게 만든다.

세계는 인터넷이라는 사이버 공간으로 하나가 되었으며, 정보화 시대의 도래로 기존 가치관과 시장 환경이 변화하고 급변하면서 세상이 급격히 달라지고 있다.

이런 상황에서 올바른 가치관을 형성하고 다양하고 유익한 정보를 많이 얻기 위해서는 독서하는 것이 최상의 길이라는 것을 알아야 한다. 이제 독서는 더 이상 취미가 아니라 우리의 생활을 변화시키는 새로운 장르가 되었다.

『나는 도서관에서 기적을 만났다』의 저자 김병완은 11년차 평범한 직장인에서 베스트셀러 작가가 되기까지 1000일간의 이야기를 책(독서)의 소중함으로 풀어냈다. 도서관에서 1000일 동안 책을 읽었는데 독서의 힘, 그것은 마법이었다는 것이다. 독서파만권 하필여유신(讀書破萬卷 下筆如有神)이 사실임을 증명한 작가이기도 하다.

저자는 11년간 몸담았던 회사와 작별을 고하고, 온 가족을 데리고 부산으로 내려가 1000일 동안 도서관에서 거의 칩거하다시피 하며 매일같이 10~15시간씩 책만 읽었다고 한다. 이 책은 저자가 3년 동안 도서관에서 직접 겪은 '자기

변신'에 대한 이야기를 담고 있다. 도서관의 힘, 책의 힘은 지식의 축적도, 능력의 향상도 아닌 '의식의 도약'에 있음을 깨닫게 해주었다. 저자는 만 권의 책을 읽고 40여 권의 책을 출간한 독특한 이력의 작가이기도 하다.

처음 책을 읽었을 때 지식이 쌓이더니, 그다음에는 지혜가, 그리고는 우주의 기운을 빨아들일 것처럼 멘탈이 커졌다. 위대한 '독서의 힘'이 인생을 바꾸어 놓은 것이다.

08

富의 인문학(人文學)으로
바라본 가족(家族)

삶도 인생도 준비하고 노력하는 사람에게 더 많은 기회를 허락한다. 그 기회를 통해 가난을 대물림하지 않고 富를 상속, 증여로 남겨주면 어떨까? 자신과 가족의 꿈을 위해 선택의 폭이 넓어지게 될 것이다.

가족(Family)이란 단어는 '아버지, 어머니, 나는 당신을 사랑합니다'란, 'Father And Mother, I Love You'의 각 단어 첫 글자를 합성한 것이다. 무거운 짐을 나눠가지면 가벼워진다. 이것이 가족이다. 가족과 함께 의논하고 투자처를 고르는 데 있어서도 정보를 나누면 리스크를 줄이고 적금도 더 많이 모을 수 있다. 가족은 힘들 때 함께하는 울타리이다. 함께하면 더 큰 힘이 된다. 필자의 큰누나는 어려서 고생을 많이 했다. 1950년생으로 필자에게는 어머니 같은 누님이시다. 아들 하나, 딸 둘이 있는데, 자식들이 취직한 뒤 급여의 70%를 집에 가져오게 하여 자식들 결혼식 때 1억~2억씩 목돈을 손에 쥐어 출가시켰다. 조카들도 급여의 70%를 집에 가져다줄 때는 불만도 있었겠지만 지금은 그 돈으로 아파트도 장만하고 그 아파트가 4~5배 이상 올랐으니 손해는커녕 득을 본 셈이다. 요즘엔 예쁘고 좋은 것만 찾는 이들이 젊은 세대들인데 엄마 말을 잘 듣는 조카나 적금에 가입하여 지혜롭게 알뜰살뜰 목돈 만들어 준 큰누님이나 참 현명한 가족의 울타리 아닌가 싶다.

가족을 위한 최선의 삶은 무엇일까? 가족은 이 세상에서 마지막을 함께 보낼 소중한 인연이다. 사랑하는 가족을 위해 무엇을 채울 것인가? 남은 인생, 가족 일원의 죽음이 우리에게 어떤 의미를 부여할까?

가족(家-집 가, 族-겨레 족)이란 무엇인가? 가족이란 한 울타리 안에서 웃음과 행복, 울음, 슬픔을 함께 나누며 다양한 배움을 얻을 수 있는 삶의 터전이다. 유아 시절, 따뜻한 사랑으로 아낌없이 나눠주시는 어머니, 힘들고 모진 일도 두려움 없이 가족을 위해 헌신하시는 아버지, 형제간의 우애와 나눔을 배우는 가족 공동체가 바로 '가족'이다.

반면에 가정은 부부, 자녀, 부모 등 가족이 생활하는 공동체로 사회를 이루는 가장 작은 단위를 의미한다. 오늘날 필자 주변 지인들을 보면 4촌간 왕래는 없어지고, 할아버지 할머니는 물론이고 부모님 묘도 화장하여 자식들이 벌초는커녕 성묘도 하지 않을 정도로 정리를 많이 한다.

자천우지(自天祐之) 하늘은 스스로 돕는 자를 돕는다고 했다.

(天助自助者: Heaven helps those who help themselves)

결론은 내 자신이 마음을 바꾸니까 세상이 달라 보이고 희망적으로 변한다는 것이다. 하늘은 한 개의 문을 닫았지만 9개의 거대한 문을 열어 놓았다. 그 문이 너무도 크기에 평범한 사람은 그 문을 볼 수 없다. 어느 순간 길이 열리고 대박 날 기회를 잡을 수 있을 것이다.

요즘은 변화의 속도가 너무도 빠르기에 무슨 일을 하건 변화에 적응하기 위해 매일 정보와 기술을 연마하고 배움을 지속해야 한다.

하늘이 스스로 돕는 자를 돕듯이 개인이 변해야 조직도 변하고 사회도 변한다. 단순히 변해야 되는 것이 아니고, 끊임없이 열정을 갖고 최선을 다해야 변할 수 있다.

가족은 어려울 때 어느 누구보다 더 친절하고 따뜻하게 기쁨을 배로 하고 슬픔을 위로해 줄 구성원이다.

오늘 내 가족의 행복을 위해 무엇을 할지 고민해 보자.

내가 먼저 가족을 위해 정성을 다해 노력하면 가족 간 친목은 물론 내가 가장 힘들 때 옆에서 도와줄 것이다.

이 세상에서 사람에게 억지로 강요할 수 없는 일이 두 가지 있다.

그것은 바로 '존경'과 '사랑'이다. 당연히 '나를 사랑하라, 나를 존경하라'라고 강요할 수 없는 노릇인데, 그것을 가능하다고 생각하는 사람도 있다. 하지만 스스로 아무것도 하지 않는다면 존경받을 수도, 사랑받을 수도 없다.

필자에게는 딸이 2명 있다. 딸 쌍둥이다. 눈에 넣어도 아플 것 같지 않은 이 아이들에게 항상 미안하고, 건강하게 잘 살아주는 모습에 감사 또 감사하고 있다.

우리 딸이 정말 사랑하는 사람을 만나기를 바라고 바라지만 아직은 세상에 때묻지 않아 인성이 되어있지 않은 사람이 적극적으로 공세할 때 이게 사랑이려니 하고 덥석 그 사랑을 받아들일까 걱정이다. 운명적인 사랑은 부르지 않아도 스스로 찾아온다. 긴가민가한 사람과 결혼하지 않았으면 하는 바람이다.

살다 보면 이 사람 아니면 살 수 없었던 사람도 헤어질 수 있다. 또 경제력만 따지거나 성공한 사람을 너무 기대하지 말았으면 좋겠다. 지금은 좀 더 부족해도 서로 아끼고 절약하고 제대로 된 재테크로 집도 장만하고 아이도 낳고 노후 준비도 충분히 하고 부모님과 시댁에서 효심 가득한 며느리가 되었으면 좋으련만 자식 농사는 뜻대로 되지 않는다. 한 번도 실패하지 않았다면 인생을 안이하게 살았다는 증거이다.

걱정 반 근심 반으로 이런 문자를 보내고 딸에게 물었다. "글 잘 읽어봤어~" "응" 딸이 영혼 없는 대답을 한다.

"사랑하는 딸! 사랑하는 우리 딸이 지금은 능력이 좋지만 임신하였을 때 남편이 가족을 먹여 살릴 정도의 경제력과 능력은 돼야 하지 않을까? 그리고 우리 딸이 사랑하는 남자보다는 우리 딸을 더 많이 사랑하는 사람을 만나야 더 행복할 것 같은데… 우리 딸은 어떻게 생각하니"라고 딸이 걱정되어 말하였다.

"아빠~ 잔소리 좀 그만해, 불편하다. 아빠, 나는 내가 더 많이 사랑하는 사람을 만날 거야~ 그래야 내가 더 행복할 수 있을 것 같아~" 퉁명스럽게 대답하는 딸이 야속하기만 하다.

필자가 생각하는 결혼이나 연애나 행복론이 우리 딸에게는 잔소리에 지나지 않은 걸까? 오늘따라 내 마음을 편안히 받아주고 이해해 주는 친구와 곡주 한잔이 그립다.

현실과 동떨어진 괴리, 이것이 우리의 현실이 아닐까 싶다.

첫째 딸이 언젠가 카톡으로 자신의 사진을 보낸 적이 있다. "아빠, 나 예쁘지?"라며 셀카 사진을 보내며 물었다. "응 모델보다 더 예쁘다, 아빠 닮아서ㅎ~"라고 답변을 했다. "엄마 닮아서가 아니고~" 딸이 보낸 문자에 웃음만 나온다.

누굴 닮으면 어떠랴. 착하고 예쁘고 건강하게, 자신이 하는 일에 만족하며 행복하기만 하면 아빠로서 만족이다.

삼신할머니께도 빌었지. 먹을 복도 많이 주고 입을 복도 많이 주고 긴 명은 서리서리 점지하소서. 아침 이슬에 참외 붙듯이 초승달에 살 붙듯이 더럭더럭 붙게 점지하소서. 앞이마는 해님 같고 뒤 이마는 달님 같고 두 눈은 별님 같은 우리 딸, 아픈 데 없이 고이 자라게 하소서.

옛 어머니들이 이런 노래를 흥얼흥얼 입으로 부르시면서 아이를 업어 키우신 모습에 깊은 사랑이 느껴진다.

가난도 대물림되는 세대, 부자들은 자신들의 부를 세습하고 있다. 어떤 사람은 팔자가 좋아 태어날 때부터 부모님이 주신 주식 덕분에 부자로 살아가는 사람도 있고 부모님으로부터 많은 재산을 물려받은 사람이 있다. 반면에 태어나서부터 고생만 하다 늙어서도 파지를 줍는 일을 하며 가난을 대물림해 주며 빈손으로 가는 사람도 있다.

그래서 살아생전 잘살기 위해 노력을 하고, 평생직장을 가지기 위해 기술을 가르치며 돈 버는 방법과 물려받은 재산을 지키는 방법, 절세하는 방법과 인문학까지 가르치는 등 부자들의 자녀 사랑은 끝이 없다.

결국 의사 집에서 의사가 나오고 변호사 집에서 변호사가 나온다는 말을 실감하게 된다.

투자 테크닉과 그들만의 좋은 인연, 새로운 정보와 기회, 경제 상황에 발맞춘 막강한 자본력과 비빌 언덕으로 더 많은 자산을 형성하게 된다.

3년 전 필자는 딸에게 생일 선물로 3년 만기 적금 1천만

원을 들어주었는데 어제 만기가 되어, 정기적금을 만기 해
지하였다. 월 270,000원씩 36개월 동안 납입(9,720,000원)하
였는데 만기 후 10,254,509원이 되었다. 3년 동안 불어난
이자는 534,509원이다.

"아빠 같은 사람 만난 거 얼마나 고마운 일이니? 생일 선
물로 3년짜리 적금도 가입시켜 주고 만기 천만 원도 탔잖
아?"라고 딸에게 말했다.

"생일 선물로 무엇을 원하냐?"고 물으니 "돈으로 주면 알
아서 필요한 물건 산다."고 한다. 딸의 28번째 생일 현금
으로 1천만 원 입금해 줬다. "생일 축하금 1천만 원 입금했
다." "와~ 아빠 고마워." 허탈하다.

좀 더 더 큰 감동을 기대하고, "뭐야 ~ 그게 다야"했더
니, "아빠, 다른 아빠는 더 많이 줘, 5천만 원씩 현금으로
주식으로 부동산으로… 그만 좀 생색 내."

요즘 아이들이 이렇다. 고마운 줄을 모르고 산다. 여하튼
이제는 딸에게 생일 축하금 일천만 원 송금 가능한 능력자
가 되었다. 어려운 가시밭길 진흙 길을 함께해 온 딸 쌍둥
이 수지, 수민이에게 고맙고, 미안하고, 이제부터 어떤 방
법으로든 보상해 주고 싶다.

하기는 자식은 전생에 빚 받으러 온 평생의 고객이라는

말이 맞는 듯하다. 아빠라는 존재는 죽어야만 생각나는 존재인 듯하다. 힘들다고 말 한마디 못하고 오롯이 가족을 위해 헌신했는데, 인정해 주고 따뜻한 말 한마디로 위로해 주는 사람도 없고 오늘도 속으로 긴 한숨으로 시름을 잊고 사는 것이 한국인들의 아버지상(像)이다.

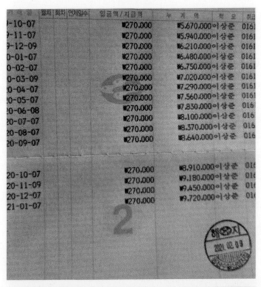

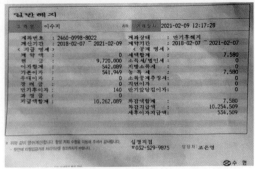

우리의 삶은 실패가 아니라 성공하도록 만들어졌다. 가족구성원의 올바른 가치관과 영향력이 인생의 성공과 실패를 좌우한다고 볼 수 있다.

자신이 가진 가장 큰 장점과 달란트를 찾아내지 못하고 부정적인 생각으로 자신을 신뢰하지 못하는 사람들이 수없이 많다.

큰 꿈을 가지고 목표와 계획을 세우면 우주의 에너지로 힘이 나타남을 깨닫게 된다. 태어날 때부터 노예의 신분으로 가족 구성원을 이룰 때도 있었다. 하지만 지금은 자신의 실력과 능력을 키우면 언제든 인터넷이라는 사이버 공간에서 최고의 정복자가 되어 가족과 이웃 그리고 친구까지 행복하게 만들 수 있는 세상이 되었다.

우리는 "실패가 아닌 성공을 하도록 만들어졌다. 자기 경시는 하나의 범죄다." 프랭크 월워스의 말처럼 큰 꿈을 꾸자. 그리고 원했던 목표를 향해 도중에 절대로 포기하지 말고, 부정적인 말이나 생각으로 자기 자신의 위대한 잠재력을 죽이는 일을 만들지 말아야 한다.

우리에게는 오늘만 있는 것이 아니라 내일이 기다리고

있기 때문에 가족 공동체 안에서 새 희망의 싹을 틔우기를
희망한다.

무슨 일이든 할 수 있다고 생각하는 사람이 해내는 법이다. 의심
하면 의심하는 만큼밖에 못하고 할 수 없다고 생각하면 할 수 없는
것이다.

– 아산 정주영

[제2강] 향기(香氣) 나는 富의 인문학(人文學)

인문학(人文學)에서 배우는 마지막 인생 수업(人生授業)

09

인문학(人文學)으로 바라본 결혼(結婚) 재테크

연애란 남자의 삶에서는 하나의 순간에 불과하지만 여자의 삶에 서는 역사 그 자체이다.

- 스탈 부인

愛之敬之夫婦之禮(애지경지부부지례) 서로 사랑하고 공경(恭敬)하는 것이 부부(夫婦) 간(間)의 예의(禮儀)다.

인문학으로 바라본 연애 그리고 결혼 재테크는 무엇일까?

『결혼』과 『무소유』에는 가난한 사기꾼인 남자가 결혼을 위한 조건을 빌린 후 맞선을 보기로 한 여자를 기다린다. 초조한 기다림 끝에 맞선을 보기로 한 여자가 도착한다. 남자는 여자에게 사랑을 느끼게 되고 소유의 본질을 깨닫는다. 약속된 시간이 되면서 하인이 남자가 빌린 물건을 하나씩 빼앗아 가기 시작한다. 남자의 처지를 알게 된 여자가 떠나려 하자, 남자는 소유의 본질과 헌신적 사랑의 중요성을 이야기하며 여자에게 결혼해 달라고 설득한다. 여자는 남자의 청혼을 받아들인 후 그곳을 떠나자고 한다.

『결혼』은 전통적 기법을 벗어나 실험적 기법으로 창작된 희곡으로, 소유의 본질과 진정한 사랑의 의미를 생각해 보게 한다.

과일의 씨도 햇빛을 보려면 굳은 껍질을 깨야 하듯이, 진정한 사랑을 찾기 위해서는 사랑하는 사람 역시 고통을 알지 않으면 안 된다. 진정한 사람을 만난다면 고통도 기쁨처럼 경이롭게 바라볼 것이다.

필자가 "노후준비는 다 하셨나요?"라고 명품을 좋아하는 사람에게 물어보았다. "저는 제 몸을 예쁘게 가꾸고 예쁜 옷들만 입고, 저를 진정으로 사랑해 주는 노후준비 다 된 남자를 만나는 것이 나의 노후준비입니다."라는 속물 같은 이야기를 했다.

틀린 말은 아니다. 시골에서 올라온 3명의 친구들이 강남에 방을 얻고 교회를 다니며 돈 많은 배우자를 만나 행복하게 사는 것도 알고 있다. 누구의 선택이 올바른지 그 종국은 아무도 모른다.

행복과 불행 속에 사는 인생, 들판 위로 지나가는 계절에 언제는 순탄할 수도 어떤 날은 가슴속을 애태우는 날도 있으리라, 그러니 기쁨 가득한 날도, 말 못 할 슬픔으로 우는 날도 스스로 받아들여야 한다.

결혼 후 3년 만에 이혼을 결심한 일류 대학 CC들의 이야기보따리를 풀어보자. 결혼과 사랑에 대한 이야기이다.

둘은 대학교수님의 중매로 결혼하여 신혼의 단꿈에 빠졌다. 여성이 주례 봐줬던 교수님을 찾아와 이혼해야겠다는 말을 하자. 교수는 그 이유가 무엇인지 물었다.

"저 외에 다른 여자와 몸정을 나눠, 도저히 불결해서 살수가 없습니다."라고 아내가 얘기했다.

대학 교수님은 제자인 남편을 학교로 불러 그 이야기가 사실인지 물어봤다. 그러나 남편은 "다른 여자와 바람을 피운 건 사실이지만, 와이프는 더 나쁩니다."라고 이해가 안

되는 말을 남겼다.

"무슨 말이냐? 자세히 설명을 해보시게~"라고 교수가 묻자, 이 바람 피운 남편은 "교수님, 저는 몸으로 바람을 피웠지만 와이프는 더 나쁜 여자입니다."라고 대답했다.

"왜, 자네 아내도 맞바람을 피웠는가?"라고 말하자, "예, 저는 상대 여자에게 몸은 줬어도 마음은 주지 않았습니다. 하지만 아내는 다른 남자와 몸을 섞지 않았을지 모르지만 커피를 마시고 드라이브를 하였습니다. 남자에게 몸은 허락하지 않았을지언정 마음을 주었습니다. 제가 더 기분이 나쁩니다."라고 말하는 남자를 보고 교수는 아무 말 없이 무상념으로 창밖만 바라보았다.

한 방송프로그램에 방송된 TVN 설 특집 프로그램 〈법륜스님의 즉문즉설〉은 법륜스님과 즉석에서 묻고 즉석에서 이야기를 나누는 설 특집으로 방송된 강연 프로그램이다.

한 질문자는 법륜스님에게 "요즘 TV에 백종원 씨가 여기저기 많이 나온다. 저 사람이 내 남편이었으면 하는 바람이 있습니다."라며 "전생에 어떤 덕을 쌓아야 저런 사람과 결혼할 수 있을까요"라고 질문했다.

법륜스님은 "제가 볼 때 쥐가 계속 쓰레기장만 뒤지면서 음식을 찾다가 어느 날 접시에 자기가 제일 좋아하는 고구마가 얹어져있다면 나한테도 이럴 때가 있구나 생각하겠지요."라며, 이어서 "그런데 거기에 뭐가 들어있을까? 쥐약인 거다"라고 답했다. 또 "다 돌보시는 분들이 돌봐서 쥐약이 안 나타난 것이고 나타나면 쥐약인 줄 알아라."라고 얘기했다.

질문자는 그런 법륜스님에게 "결혼 25년 됐는데 5년 전부터 남편이 너무 밉다. 2년 정도 말을 안 하고 있다."라며 "제가 5년 전부터 직장을 그만두고 집에만 있는데 맞벌이를 하다가 남편이 외벌이 하게 되니깐 경제적으로 힘들어져 남편이 마음이 안 좋아지니 날 힘들게 하더라."라고 설명했다. 그러면서 질문자는 "대화를 많이 하고 살아왔는데 소용이 없다는 생각이 들고 노력을 해봤는데 되지 않으니깐 어느 순간 놔버리게 됐다"고 말했다.

법륜스님은 이 질문자에게 "20년간 노력했다는 건 자꾸 남편을 바꾸려고 했던 거다. 말이 대화지 '네가 바꿔라'였다"라며 "진정한 대화는 들어주는 거다. 내가 말을 하는 것이 대화하는 것이 아니라 이야기를 들어주고 수긍해 주는

게 대화다"라고 조언했다.

이어 "상대편에게 공감을 요구하는 건 너무 어려운 일이다. 이혼을 할 것이 아니라면 관점을 바꿔보는 것이 방법이다"라며 "밖에서 다른 남자를 찾으면 지금 남편보다 좋은 남자 찾기 힘들지도 모른다. 가능하면 남편을 다듬어서 쓰는 게 좋다."라고 덧붙였다.

이어 한 질문자가 "남편이 바람을 피워 이혼하고 싶습니다."라고 말하자 "다른 여자와 한 번 바람피운 남자랑 사는 것이 좋을까요. 아니면 다른 여자랑 20년 살아온 남자랑 재혼하는 게 나을까요?"라고 되물었다. 법륜스님의 즉문즉설은 지혜롭다. 좋은 사람을 찾기보다는 좋은 사람이 되어 줄 사람과 함께하라고 말씀해 주신다.

필자가 종이책으로 처음 출판한 『스마트한 연애 사용법』에 필자의 소개로 결혼해서 행복하게 살아가는 사람들의 이야기가 들어 있다.

여성은 40대 중반, 남성은 40대 후반이었다. 여성은 국제공인회계사로 외국계 회사에서 잘나가는 임원이었고 남성은 필자와 같은 직장 동료이다.

인천종합예술회관의 〈피카소 그림전〉을 관람하러 가던 중 우연히 필자가 알고 있는 여성의 이야기를 들려주자 한 번 만나게 해달라는 요청을 받고 이 둘을 연결해 주었다. 이 둘은 노처녀 노총각이었지만 만난 지 3개월 만에 제 짝을 찾고 결혼하였다.

결혼 전 필자가 여성에게 물어보았다.

"저 친구가 왜 좋아요?"라고 물으니 "그냥 편하고 이야기가 잘 통한다."라고 말했다.

필자 친구에게도 물어보았다. "저 여자 분이 왜 좋아?"라고 물으니 "그냥 같이 있으면 편하고 좋아"라고 대답했다.

결혼 후 1년이 지나 지금도 결혼에 대하여 후회하지 않는지 다시 한번 물어보았다. "친구야 아직도 와이프 좋냐?"라고 묻자, "그럼~ 잠자기 전 '오늘도 이렇게 편안하게 잠자리에 들게 해주셔서 감사합니다' 하고 기도드리는 모습이 꼭 천사를 보는 듯해"라고 대답했다.

이번에는 그 친구 와이프에게 질문했다. "아직도 남편이 좋은가요?"라고 물으니 "지금은 오빠하고 같이 숨만 쉬고 있어도 좋아요"라고 닭살 돋는 말을 들려주었다.

결혼에도 타이밍이 있다. 이들이 20대 또는 30대에 만났다면 아마도 결혼에 성공하지 못했을 것이라는 생각을 해본다.

요즘은 여성도 직장이 없으면 결혼하기 쉽지 않은 세상이고 과거 필자가 살아왔을 때처럼 손만 잡아도 결혼해야 한다고 생각하는 순수한 사람은 찾기 힘든 세상이다.

여성들은 남자의 경제력과 자기관리 잘된, 자상하고 친절한 사람을 찾는가 하면 남성은 여성의 외모와 재력을 먼저 보는 시대가 되었다. 직장생활에서 정년까지 가기가 쉽지 않은 상황을 빨리 인식하였기 때문이다.

손을 잡아도 느낌이 없고 설렘이 없고 대화도 통하지 않고 이런 상황에 조건을 보고 결혼하여 후회하고 결혼생활을 접는 경우도 있다. 첫눈에 반해 완벽한 조건을 갖춘 남성이라 결혼했지만 한 여자에게 헌신하지 않고 여러 여자를 만날 수도 있다. 혹은 결혼 후 3년도 지나지 않아 눈에 콩깍지가 벗겨져 밥 먹는 모습만 봐도 싫증나서 별거하다 이혼하는 경우도 허다하다.

결혼은 이론만으로 완성되지 않는다. 서로 양보하고 배려하며 조금씩 변화하는 모습을 보여 주어야 한다.

필자는 연예인 중 최수종을 참 좋아한다.

부인 하희라 씨를 위해 각종 이벤트를 해줘서 많은 대한민국 남성들의 적이라 하지만 와이프 하희라를 위해 좋아하는 술을 끊고 좋아하던 낚싯대를 부러트리는 그의 부인 사랑은 일반인이라면 쉽지 않은 결단이기 때문이다.

결혼은 남녀의 나이 차나 재산, 학벌이 중요하지 않다. 여성은 자신을 사랑하는 진실한 마음 즉, 소소한 일상생활을 묻는 남편의 자상함에서 존경심이 일어난다고 할 수 있다. 이제 죽었던 연애 세포를 깨워 진실한 연애, 진실한 결혼생활, 행복한 가정을 위해 어떻게 처신해야 할지 잠자던 행복의 본능 세포를 깨워 마음의 변화를 가져보기를 간절히 바란다.

10

학이시습지(學而時習之)면 불역열호(不亦說乎)아, 배우고 때때로 익히니 기쁘지 아니한가?

부를 축적하고 성공한 사람들은 배우고, 익히고, 실천하는 사람들이다. "공부는 결코 우리 인생을 배반하지 않는다." 이 말은 필자가 경험하고 실천하여 얻은 삶의 지혜다. 세상의 시작은 배움에서 비롯되었다.

필자는 『논어(論語)』〈學 而 第 一〉편을 좋아한다.

學而時習之면 不亦說乎아 (학이시습지면 불역열호아)

有朋自遠方來면 不亦樂乎아 (유붕자원방내면 불역낙호아)

人不知而不慍이면 不亦君子아 (인불지이부온이면 불역군자아)

배우고 때때로 익히니 기쁘지 아니한가?

벗이 있어 먼 곳으로부터 찾아오니 또한 즐겁지 아니한가?

남이 나를 알아주지 않는다 해도 원망하지 않으니 군자가 아니겠는가?

'子曰 學而不思則罔 思而不學則殆'라고 공자님께서 말씀하셨다.

'배우고 생각하지 않으면 얻는 것이 없고, 생각만 하고 배우지 않으면 삶이 위태롭게 된다'는 뜻이다.

지식을 쌓기만 하고 자기 생각이 없으면 고학력 앵무새가 되기 마련이다. 자기 생각만 있고 제대로 된 지식을 쌓지 않으면 사람 잡는 선무당이 될 수 있다.

'學而時習之 不亦說乎'는 '배우고, 배운 것을 복습해서 익히면 이 또한 좋지 않은가?'라는 뜻이다. 공자는 『논어』를 통해 제자들과 소탈한 농담과 풍자를 즐기며 당대의 통념을 벗어나 크게 생각하신 성인이셨다.

필자는 이 말을 머리와 마음속에 새기며 실천한 덕분에 결과를 이루고 살아왔다. 직장에 입사 후 아침에 잠자는 시간이 아까워 직장 주변 '쇼팽: 음악학원'에서 피아노를 배웠다.

몇 년 후 글로벌 시대 영어와 중국어는 필수라는 생각이

들었다. 주안역 앞 민병철 어학원에 등록해 새벽 6시 타임 중국어와 7시 타임 영어를 배우고 출근하며 새벽 시간을 줄였다.

　새벽 5시 30분쯤 주안역 민병철 어학원에서 어학을 공부하는 그 시각에도 소주잔을 맞대며 '사랑과 우정'을 쌓는 젊은이들이 눈에 띄었다. 나는 중국에서 사범대를 졸업하고 본 어학원에서 중국어를 가르치는 선생님께 "이 시간까지 술을 먹는 젊은이도 있네요."라고 얘기했다. "선생님도 더 젊었을 때는 그런 경우가 있었을 거예요. 젊음은 두 번 다시 오지 않기에 선생님처럼 미래를 위해 열심히 공부하는 분도 있지만 다시 오지 않을 젊은 날의 추억을 쌓는 것도 나쁘지는 않은 것 같아요."라는 선생님의 말을 들었을 때 필자는 거인 앞에서 작아진 소인배가 된 기분이 들었다.

　인천 계산동지점에 발령 나면서 직장동료 매형이 운영하는 승민 어학원에서 외국인으로부터 원어민 영어를 배우기도 했다.

　성인이 되고 시간적 경제적 자유인이 되면서 음악을 전공하고 공연봉사도 많이 하시는 실력파 '플루티스트'를 집으로 모셔, 재즈피아노와 플루트, 오카리나를 배우기도 했다.

필자의 버킷리스트 중 하나는 가족이나 친구 생일 때 악기를 연주하며 축하 노래를 불러주는 것이다. 과거에 하모니카는 달인 경지의 실력으로 노래만 알면 손목과 혀끝으로 반주를 넣어가며 감동을 줄 수 있었고 일렉트로닉 기타를 녹음 연주한 적도 있었다. 이러한 열정은 공부로 이어져 주경야독 공부로 이 자리까지 오게 되었다.

공부는 결코 우리 인생을 배반하지 않고 보답해 준다는 사실을 필자가 증명했다.

성공한 사람들은 다양한 장애물을 겪고 그 자리에 오른 것이다. 가끔 수강생들이나 주변 지인들이 사석에서 하루에 잠을 몇 시간 자냐고 물어볼 때가 있다. 필자는 하루 8시간 이상 잠을 잔다.

충분한 수면을 취해야 다음 날 컨디션이 좋아지기 때문이다. 필자가 재테크 강의를 하고 대학교와 대학원에서 학생들을 가르치는 교수가 된 것은 목표를 세우고 도전하고 집중했다는 것이다.

　가끔 친한 친구에게 '새로운 도전'을 말하면 "직장 다니기
도 힘들다."라고 말하는 친구도 있다. "상준이 너니까 그렇
게 할 수 있는 거야"라고 말할 때 필자는 "나는 지극히 평범
한 사람이야. 머리도 좋지 않아. 목표를 세우고 이루어 내
면 그다음 목표를 향해 도전하고 노력해서 지금의 결과를
이뤄낸 거야!"라고 대답한다. 필자는 친구들과의 모임이나
고객과의 약속을 다음으로 미룬 적이 없다. 주어진 삶에 충
실하며 자투리 시간을 활용하여 결과를 이루어 냈다는 것
이다.

　필자가 살아오면서 보람을 느낀 것 중 하나는 어려운 가
정환경이나 경제적인 어려움 때문에 대학에 진학하지 못했
던 사람들에게 공부를 권유하였다는 것이다. 나의 말을 듣
고 대학교에 진학해 학사 학위를 받은 지인들이 수십 명이
고, 대학원을 졸업한 사람들이 여럿 있다. 현재도 단국대
경영대학원에서 대학원(석사) 공부를 하고 있거나 필자의 조
언과 도움으로 박사 학위를 받은 직장인이 6명이며 박사
학위를 공부하는 사람이 5명이 더 있다.

필자 강의를 들었던 수강생 중 전북은행 직원이 최근 박사 학위 논문에 통과되어 고맙다는 전화가 와서 축하 난을 보내 주기도 했다.

　　행운은 스스로 준비한 사람에게 찾아온다.

　　좋은 스승은 제자가 스스로 깨우치며 행동하게 만든다.

지혜를 얻는 데는 세 가지 방법이 있다.

첫 번째 방법은 사색에 의한 것으로, 가장 고상한 방법이다.

두 번째는 모방으로 가장 쉬우나 만족스럽지 못한 방법이다.

세 번째는 경험을 통해 얻는 방법으로 가장 어려운 것이다.

- 공자

11

一心精到 豈不成功(일심정도 기불성공),
한마음으로 정진하면
어찌 성공하지 못하리오

禍福無門 惟人自招 (화복무문 유인자초)

화와 복에는 문이 없고 오직 사람이 자초하는 일이다

積善之家 必有餘慶 (적선지가 필유여경)

선을 쌓은 집에는 반드시 경사스러움이 있다

一心精到 豈不成功 (일심정도 기불성공)

한마음으로 정진하면 어찌 성공하지 못하리오

필자는 참고 또 참아내며 살아왔다. 살아오면서 지인들에게 없는 돈을 빌려주고 받지 못하는 일이 많이 있었다. 결국 친구도 잃고 돈도 잃었다. 가끔 돈 많은 회장님들을 만나 물어본다.

"돈을 빌리러 오는 사람은 어떻게 대처하세요?"라고 물으면 회장님들 대부분은 돈 빌리러 찾아온다는 사실을 눈치채고 불고기나 생선회 등 상대가 좋아하는 맛있는 음식을 대접한 뒤 봉투에 50만 원에서 100만 원을 현금으로 담아 "나도 요즘 사업이 어렵고 세금 추징을 많이 받아 생활이 어렵다."라는 말을 하며 건네준다고 하였다.

참으로 현명한 행동이다. 이렇게 되면 사람에게 상처를 주거나 사람을 잃지 않게 된다. 물론 봉투에 넣은 돈은 받으려고 하지 않는다.

필자의 오랜 친구가 있었다. 생활이 어려워 아침마다 한 달 동안 라면을 끓여 먹고 출근을 했는데 느끼한 라면 때문에 밥이 먹고 싶어 김밥 한 줄을 사다 먹고 보험사에 출근을 했다고 한다. 그런데 그날 일요일은 산행 가니 한 명도 빠지지 말라는 팀장님의 말을 들었다.

친구는 "저는 이번 일요일에 참석 못 할 것 같습니다."라고 말했다. 상사는 "팀워크를 위한 산행이고 업무의 연장이고 연속이니 참여하세요"라고 했다. 친구가 "집에 쌀이 떨어져 가족들이 굶게 생겼는데 산에 가는 것은 무리인 듯합니다."라고 말하니 직장 상사가 아무 말도 못했다는 말을 필자에게 들려주었다.

부유한 사람이 먹으면 간식이지만 가난한 사람이 먹으면 라면은 주식이 된다.

이 친구가 안양에 빌라 지하를 담보로 1천 5백만 원 대출 요청을 했는데 아무래도 이자를 못 내고 경매에 들어갈 것 같았다. "지하를 담보로 1천5백만 원 대출은 많이 해주는 거야. 이자 잘 내야 돼, 괜히 경매까지 들어가면 대출해 주는 나도 책임이 있어."라고 하자, "걱정 안 해도 돼."라는 확답을 하기에 대출을 해 주었다.

필자의 생각대로 이자를 6개월 동안 납입하지 못하고 경매에 들어갔다. 그리고 살 곳이 없다고 필자에게 살 집을 장만해 달라고 요청하였다. 필자도 당시 전세 3천만 원 단독주택 지하에 어머니를 모시고 살고 있을 때였다.

필자가 "예전에 경매로 낙찰받은 다세대주택 지하가 있는데 도배, 장판해 주면 이 집에서라도 살겠냐?"라고 물으니 "이 정도면 충분해. 고마워."라며 어머니와 남동생 3명을 데리고 들어오기로 했다.

"가족이 8남매인데 왜 다른 가족한테 도움을 구하지 그

래?"라고 필자가 물으니 다들 가난해서 그럴 수 없다고
했다.

　필자는 "이 집에서 살면서 복 받아서 동생들하고 부지런
히 돈 모아 빨리 전세라도 얻어 갔으면 좋겠다."라고 축복
하는 말을 했다. 그리고 '이 친구를 더 도울 일은 없을까?'
생각하여 가족들 보험을 6개 들어 주고, 큰형님 아파트 담
보로 1억 원의 마이너스 통장으로 부동산 경매 투자를 시
작하였다.

　그러던 중 입찰보증금 10%만 경매 당일 입금해 주고 패
찰되면 다시 입찰보증금 10%을 입금받는 방법으로 경매
투자가 시작되었다. 필자가 권리분석 후 입찰 금액을 제시
해 주면 이 친구는 경매장에서 입찰에 참여하는 방법으로
수익이 나면 일부 돌려주기로 하였다.

　그러던 중 친구가 매번 입찰보증금을 입금해 주거나 최
고가 입찰자가 되지 않아 패찰되면 다시 입금 방법이 귀찮
으니 통장과 도장을 맡기라고 하였다.

　필자는 이 친구 아버지의 병원비와 자동차를 이용한 사
채도 갚아주고 수없는 도움을 주었던 터라 필자를 배반하
리라는 생각은 하지 않았다.

그런데 인천 작전동 한신아파트를 낙찰받았는데 친구 친동생 이름으로 낙찰받았다는 사실을 뒤늦게 알고 등기권리증을 가져오라고 하자, 이 친구는 등기권리증을 가져오지 않았다. 이상한 낌새가 느껴져 등기부등본을 발급받아 보니 이미 부동산을 타인에게 소유권 이전한 사실을 알고 이 친구를 찾아갔다.

모든 가족들이 모여 김장을 하고 있었다. 필자가 그 집에 들어가려고 하니 집에 못 들어오게 막았다. 가족들에게 다 말하기 전에 빨리 부동산 매각한 돈을 가져오라고 하자 금방 돈을 입금한다 해놓고 6개월이 되도록 입금하지 못했다. 왜 입금이 안 되냐고 물으니 그 돈으로 다른 곳에 투자했다며 당당하게 말하는 친구를 더 이상 용서할 수가 없었다.

필자는 직접 고소장을 작성하여 인천 남동경찰서에 접수시켰다. 고소인 조사를 받았다. 고소인에게 직업, 종교, 학력, 투자 배경, 그리고 배임과 횡령이 인정될지 확인해 봐야 한다는 답장이 돌아왔다. 그리고 피고소인에게 경찰에서 연락이 가자, 이 배신한 친구는 필자의 약점을 들먹이며 반격에 나섰다. 이 친구는 배임과 횡령에 해당이 되지 않는다고 생각했었던 것 같다.

그러던 중 이른 아침에 친구 어머니로부터 전화가 왔다. "한 번만 용서해 주세요. 가난한 부모 만난 것이 죄지 우리 아들이 무슨 죄가 있겠어요." 울먹이는 어머니의 청을 거둘 수가 없어서 친구를 만나 차용증을 받고 고소를 취하해 주었다. 아직까지 이 돈은 받지 못하고 있다.

이런 일도 있었다. 부인과 같이 수강 신청하는 '고향 후배'라며 아침, 점심, 저녁으로 안부를 묻고 감사의 마음을 전하는 수강생이 있어 필자가 마음을 준 적이 있었다.

이 고향 후배는 투자한 돈 이억 이천구백만 원을 자기 마음대로 팔아먹고 연락도 안 받고 잠적하였다. 무슨 천벌을 받으려고 다른 사람 돈을 자기 돈처럼 쓰는 것일까?

필자는 돈 주고 그렇게 시켜도 못할 텐데, 착한 사람 등쳐 경제적으로 이득을 취하는 사람들 참 대단해 보인다.

믿었던 사람에게 배신당한 기분을 겪어 본 사람은 알겠지만 그 상처는 가슴에 머리에 남아 떠나지 않는 스트레스가 된다. 그런 상처를 받지 않아야 행복해질 수 있다.

지금은 모든 시초는 필자로부터 제공된 일이니 더욱더 선을 쌓고 덕을 쌓는다는 마음으로 나눔과 희생과 봉사하는 너그러운 정신을 갖고자 살고 있다.

백인당중유태화(百忍堂中有泰和)
백 번이라도 참을 줄 알면 집안에 평화가 깃든다.

이 말을 실천하며 살아온 나날들, 범사에 감사하며 인내
하며 살아온 삶에 후회는 하지 않는다.
『明心寶鑑(명심보감)』〈繼善篇(계선편)〉에 이 말을 실감하고
있다.

子曰爲善者는 天報之以福하고 爲不善者는 天報之以禍니라.
자왈위선자는 천보지위복하고 위불선자는 천보지 위화니라.

공자(孔子)님께서 말씀하시기를 착한 일을 하는 사람에게
는 하늘이 복을 주시고 악한 일을 하는 사람에게는 하늘이
화를 주느니라!

필자가 오늘 누리고 있는 모든 복은 인과 덕을 쌓았기에
만족할 만한 결과로 돌아온 것이며 '행복한 인생'으로 살아
갈 수 있는 것 역시 그 때문이라 믿는다.

12

야망(野望)을 크게 가져야 몸이 움직이고 부(富)를 축적할 수 있다

"도전은 나이가 아니라 용기로 하는 것이다. 젊었을 때 흘리지 않은 땀은 나이를 먹었을 때 눈물로 돌아온다. 한 살이라도 힘이 있을 때 도전하고, 또 도전해야 한다. 도전하면 성공과 실패를 맛볼 수 있지만, 도전하지 않으면 아무것도 경험하지 못한다는 것을 명심해야 한다. 도전은 나이가 아니라 용기로 하는 것이다."

– 노무라 가쓰야

成功(성공)과 富(부), 名譽(명예), 권력 (勸力) 등에 대하여 고민하거나 이루려하지 않는 사람은 없을 것이다. 그러나 도를 닦거나 자신을 수양하는 수녀님, 신부님, 스님들에게 이런 말을 물어보면 다 부질없는 것들이라 말한다.

법정 스님의 평생 반려자였던 6권의 책 중 하나에서 이 질문에 대한 해답이 그리 어려운 숙제가 아님을 알게 된다.

맑고 향기로운 삶을 살다 가신 법정 스님은 세상을 떠나면서도 무소유와 청빈의 도를 실천했다. 법정 스님의 〈미리 쓰는 유서(遺書)〉는 1971년 작품 『무소유』에 수록된 글이다. 죽음을 두려워하는 것은 살아있는 사람들의 인지상정이다, 하지만 삶과 죽음은 들숨과 날숨 같은 것으로 자연스럽게 받아들여야 한다는 내용이 실렸다.

법정 스님은 평소 "번거롭고 부질없으며 많은 사람들에게 수고만 끼치는 일체의 장례 의식을 행하지 말고, 관과 수의를 따로 마련하지도 말며, 편리하고 이웃에 방해되지 않는 곳에서 지체없이 평소의 승복을 입은 상태로 다비하여 주고, 사리를 찾으려고 하지 말며, 탑도 세우지 말라"고 상좌들에게 당부하셨다. 마지막 가시는 길에도 무소유와 청빈의 삶을 올곧게 실천하신 법정스님을 추모하며 〈미리 쓰는 유서〉를 실었다.

죽게 되면 말없이 죽을 것이지 무슨 구구한 이유가 따를 것인가.

스스로 목숨을 끊어 지레 죽는 사람이라면 의견서(유서)라도 첨부되어야겠지만, 제 명대로 살 만치 살다가 가는 사람에겐 그 변명이 소용될 것 같지 않다. 그리고 말이란 늘 오해를 동반하게 마련이므로, 유서에도 오해를 불러일으킬 소지가 있다.

그런데 죽음은 어느 때 나를 찾아올 것인지 알 수 없는 일이다. 그 많은 교통사고와 가스 중독과 그리고 원한의 눈길이 전생의 갚음으로라도 나를 쏠는지 알 수 없다. 우리가 살아가고 있다는 것이 죽음 쪽에서 보면 한 걸음 한 걸음 죽어 오고 있다는 것임을 상기할 때, 사는 일은 곧 죽는 일이며, 생과 사는 결코 절연된 것이 아니다. 죽음이 언제 어디서 내 이름을 부를지라도 "네" 하고 선뜻 털고 일어설 준비만은 되어있어야 할 것이다.

그러므로 나의 유서는 남기는 글이기보다 지금 살고 있는 '생의 백서(白書)'가 되어야 한다. 그리고 이 육신으로서는 일회적일 수밖에 없는 죽음을 당해서도 실제로는 유서 같은 걸 남길 만한 처지가 못 되기 때문에 편집자의 청탁에 산책하는 기분으로 살아가야 한다.

다른 사람의 죽음이나 가족의 죽음은 직시하면서 자신의 죽음에 대하여는 생각하지 않고 사는 것이 인간이다.

세상을 하직하기 전에 내가 할 일은 먼저 인간의 선의지를 저버린 일에 대한 참회다. 이웃의 선의지에 대해서 내가 어리석은 탓으로 저지른 허물을 참회하지 않고는 눈을 감을 수 없을 것이다.

때로는 큰 허물보다 작은 허물이 우리를 괴롭힐 때가 있다. 허물이란 너무 크면 그 무게에 짓눌려 참괴(慙愧)의 눈이 멀고 작을 때에만 기억에 남는 것인가. 어쩌면 그것은 지독한 위선일지도 모른다.

부끄럽고 괴롭게 채찍질한 과거가 있다. 중학교 1학년 때, 같은 반 동무들과 어울려 집으로 돌아오던 길에서였다. 엿장수가 엿판을 내려놓고 땀을 들이고 있었다. 그 엿장수는 교문 밖에서도 가끔 볼 수 있으리만큼 낯익은 사람인데 그는 팔 하나가 없고 말을 더듬는 불구자였다.

대여섯 된 우리는 그 엿장수를 둘러싸고 엿가락을 고르는 척하면서 적지 않은 엿을 슬쩍슬쩍 빼돌렸다. 돈은 서너 가락치 밖에 내지 않았다. 불구인 그는 그런 영문을 전혀 모르고 있었다.

이 일이, 돌이킬 수 없는 이 일이 나를 괴롭히고 있다. 그가 만약 넉살 좋고 건강한 엿장수였더라면 나는 벌써 그런 일을 잊어버리고 말았을 것이다. 그런데 그가 장애자라는 점에서 지워지지 않은 채 자책은 더욱 생생하다.

내가 이 세상에 살면서 지은 허물은 헤아릴 수 없이 많다. 그중에는 용서받기 어려운 허물도 적지 않을 것이다. 그런데 무슨 까닭인지 그때 저지른 그 허물이 줄곧 그림자처럼 나를 쫓고 있다.

다음 세상에서는 다시는 더 이런 후회스러운 일이 되풀이되지 않기를 진심으로 빌며 참회하지 않을 수 없다. 내가 살아생전에 받았던 배신이나 모함도 그때 한 인간의 순박한 선의지를 저버린 과보라 생각하면 능히 견딜 만한 것이다.

나에게도 이와 같은 일화가 있다. 어린 시절 옆 마을에 살고 있었던 엿장수는 선청성 소아 마비와 벙어리로 오며 가며 가끔 볼 수 있었던 낯익은 사람이었다. 그 당시 삼총사였던 나와 친구들은 그 엿장수를 둘러싸고 엿가락을 고르는 척하면서 몇 개를 빼돌리며 "저 바보, 바보" 하며 집으로 돌아왔던 기억이 난다. 세월이 흘러 나 역시 그 자책감으로 꾸준히 '섬김의 집', '해뜰마루', '글로벌 봉사단' 등에서 봉사 활동을 하고 있다.

필자는 법정 스님과 같이 덕망 있는 분들은 이미 돈이나, 권력, 명예를 얻지 않고도 성공자들이라 본다. 성공의 의미는 돈이나, 권력에 있지 않고 현실에 만족하며 자신의 허물과 과오를 인정하고 다시는 그런 잘못을 저지르지 않는 것이다.

. 이런 생각과 가치관 속에 야망(野望)을 크게 가지며 몸이 움직이다 보면 나를 도와주는 조력자가 나타나 富를 축적할 수 있다.

"날카로운 면도날은 밟고 가기 어렵나니, 현자가 이르기를 구원을 얻는 길 또한 이같이 어려우니라."

- 우파니샤드

富의 인문학(人文學)으로 엿보는 사색(思索)의 향기(香氣)

富의 인문학(人文學)으로 엿보는
사색(思索)의 향기(香氣)

큰 성공자나 많은 富를 이룬 사람들은 인문학(人文學) 서적을 통해 사색(思索)의 향기(香氣)를 마케팅에 활용한 사람들이 많았다.

커피 이상의 감동적인 마케팅, 스타벅스의 커피숍 앞에 붙은 그리스 신화의 이야기나, 코카콜라가 여자의 아름다운 허리를 연상하게 하여 매출액을 올리거나, 그릇을 미학적으로 만들어 양은 줄이면서도 매출을 더 많이 올릴 수 있었던 수많은 성공한 기업들의 성장 비밀에는 인문학적인 마케팅이 숨어 있다.

『사색의 향기, 아침을 열다』는 깊은 생각을 이끌어낼 수 있는 '사색'을 권한다. 머릿속에 스쳐가는 단상을 의미하는 '생각'과는 다르게 '사색'이란 위대한 인생 선배들이 남긴 양질의 문화 콘텐츠를 향유하고, 그 안에서 자신이 느낀 것들을 새롭게 끌어낸다는 점에서 차이가 있다.

　행복이 자라는 나무가 있다. 나무가 자라기 위해서 매일 물과 햇빛이 필요하듯이, 행복이 자라기 위해서는 아주 작은 일에도 감사하는 마음이 필요하다. 내가 가진 것이 없어 보이는 건 가진 게 없는 게 아니라, 내 자신에게 만족할 수 없기 때문이다.

　아이들의 웃음을 행복으로 보고 아무 일도 없던 그런 일상에도 늘 감사한다.

　행복을 저금하면 이자가 붙는다. 삶에 희망이 불어나는 것이다. 지금 어려운 일이 훗날 커다란 행복의 그늘을 만들어 줄 것임을 믿는다. 사람과 부대끼며 살아가는 건 두려움이 아니라, 행복의 자잘한 열매 때문이다. 썩은 열매는 스스로 떨어지고, 탐스런 열매만이 살찌게 된다. 행복하게 살고 싶다면 지금 당장 마음의 밑바닥에서 시들어 가는 행복을 꺼내고 키워야 한다.

　할 수 있는 것을 하지 않는다면 그것은 죄다.

　누군가 나를 안타까운 마음으로 지켜보고 있다면 속마음을 보여주자. 그게 행복의 시작이다.

많은 사람들이 부유하기 위해 노력하지만 누구나 부자가 되는 것은 아니다.

사는 모습이 다 다르듯 보는 눈도 달라져야 여러 모습을 볼 수 있다.

한 가지의 눈으로는 하나만 보게 된다. 가진 것은 언제든 잃을 수 있지만 내 행복은 내가 지키며 느낄 수 있다.

C.S 루이스가 저술한 『스크루테이프의 편지』에서 지옥으로 향하는 가장 안전한 길은 경사가 심하지 않고, 바닥은 부드러우며, 갑작스런 굴곡과 이정표와 표지판이 없는 완만한 길이라고 했다. 그 길은 결코 벼랑이 아니고, 밋밋한 내리막길이다. 사람들은 그 길을 기분 좋게 걸어간다. 편안하고 안락한 길이야말로 위험한 길이 될 수 있다. 근육무기력증으로 5년간 투병 생활을 하면서 3천 권의 책을 독파한 이랜드 박성수 회장은 "장애를 만나게 되면 고통스럽지만, 그것은 반드시 인생에 또 다른 기회를 준다."라고 말했다.

인생의 고통 뒤에 신이 허락한 커다란 선물이 숨어 있다. 끈기를 이겨 낼 적은 없다. "나는 왜 이렇게 잘되지?"라고

말하는 사람과 "나는 왜 하는 일마다 이 모양이지!"라고 말
하는 사람 중 어느 쪽이 더 행복할까? 고민하는 思索(사색)
의 시간을 가져보자.

13

성공(成功)은
절제(節制)와 습관(習慣)에서 온다

이미 성사된 일을 말하지 않는다. 이미 끝난 일은 잘못을 따지지
않는다. 이미 지나간 일은 탓하지 않는다.

— 공자

고대 희랍에서 '좋은 시민'의 도덕적 덕목으로 여긴 것은
정의, 절제, 용기, 너그러움, 침착함, 성실, 자존심, 염치심
등이었다. '칭기즈칸과 사냥매(鷹) 이야기'에 나오는 덕목인
데, 영국의 신사양성학교에서도 학생들에게 가르치고 있다.

제임스 볼드윈(James M. Baldwin 미, 1861~1934)이 저서 『50
가지 재미있는 이야기(Fifty Famous Stories)』에 소개한 우화는
다음과 같다.

[제4강] 富의 인문학(人文學)으로 엿보는 사색(思索)의 향기(香氣)

어느 날 아침 칭기즈칸이 사냥을 하기 위해 말을 타고 숲 속을 내달렸다. 그의 뒤로 수많은 신하들이 따라나섰다. 왕의 팔목에는 왕이 아끼고 사랑하는 매가 앉아 있었다. 매는 사냥할 때 절대 필요한 것이었다.

왕 일행은 종일토록 짐승을 찾아다녔으나 수확이 시원치 않았다. 해가 질 무렵 하는 수 없이 궁전으로 돌아가기로 했다. 칭기즈칸은 지름길을 택하여 달렸다. 그는 숲속을 자기 손바닥처럼 잘 알고 있었다. 한창 달리는데 갈증이 심해져서 샘물을 찾으려고 말에서 내렸다. 그러나 늘 철철 넘쳐 흐르던 샘이 마른 것이 아닌가?

혼자 너무 빨리 달린 탓으로 그의 주변에는 신하가 한 명도 보이지 않았다. 팔목에 있던 매도 어디론가 날아가고 없었다.

가만히 주변을 살피니까 천만다행으로 머리 위의 바위틈에서 한 방울 두 방울 똑똑 떨어지는 맑은 물이 보였다. 칭기즈칸은 허리춤에 있던 쪽박을 꺼내 떨어지는 물방울을 한 방울 두 방울씩 받아냈다. 한참 후에야 쪽박에 물이 거의 찼다.

그가 잔을 입에 대고 마시려는 순간 어디서부터인가 매가 날아와서 그 잔을 주둥이로 치고는 다시 하늘로 높이 날아갔다. 왕은 땅바닥에 떨어진 잔을 주워들고 다시 물방울을 받기 시작했다. 물이 반쯤 채워졌을 때 그는 다시 잔을 들어 올려 그 입으로 가져가는데 입가에 닿을까 말까 할 무렵에 또다시 매가 날아와서 쪽박을 엎어버리고 사라졌다.

끓어 오르는 화를 억지로 참으면서 또다시 물을 쪽박에 받기 시작했다. 칭기즈칸이 물을 막 마시려는 순간 날아갔던 매가 다시 오더니 쪽박을 엎질러 놓고 말았다. 그 정도면 왜 잘 훈련된 매가 그러는지 의심할 수 있어야 했다. 그러나 화가 치민 칭기즈칸은 분별력을 잃어가고 있었다.

네 번째로 매가 물을 못 마시게 하자 화를 참을 수 없던 칭기즈칸은 매를 단칼에 찔러 죽여 버리고 말았다.

그러는 사이에 쪽박까지 잃어버려서 하는 수 없이 물줄기를 따라 바위 위로 기어서 올라갔다. 올라가보니 과연 웅덩이에 고인 물이 있었다. 거기서부터 바위틈을 따라 물이 한 방울씩 떨어졌던 것이다.

그는 곧바로 웅덩이 앞에 엎드려서 물을 마시려다 흠칫 놀라고 말았다. 그 웅덩이 속에는 굉장히 큰 독사 한 마리가 죽어 있는 것이 아닌가. 그제야 사랑하던 자신의 매가 그 독물을 마시지 못하게 하려고 쪽박을 걷어찬 이유를 깨닫게 되었다.

그는 곧바로 바위를 타고 밑으로 내려가 피를 흘리며 죽은 매를 어루만지면서 눈물로 맹세했다.

"나는 너를 잊지 않겠다. 오늘 나는 매우 쓰라린 교훈을 너로부터 배웠다. 나는 앞으로 어떤 경우에도 절대 홧김에 결정을 내리지 않겠다."

절제력을 잃었던 칭기즈칸은 매의 예지력(豫知力)으로 목숨을 건질 수 있었던 것이다.

후일 칭기즈칸은 후손들에게 다음과 같은 메시지를 남겼다.

집안이 나쁘다고 탓하지 말라.

나는 아홉 살 때 아버지를 잃고 마을에서 쫓겨났다.

가난하다고 말하지 말라.

나는 들쥐를 잡아먹으며 연명했고, 목숨을 건 전쟁이 내 직업이고 일이었다.

작은 나라에서 태어났다고 말하지 말라.

그림자 말고는 친구도 없고 병사로만 10만이요. 백성은 어린애와 노인까지 합쳐 2백만도 되지 않았다.

배운 게 없다고 힘이 없다고 탓하지 말라.

나는 내 이름도 쓸 줄 몰랐으나 남의 말에 귀를 기울이면서 현명해지는 법을 배웠다.

　너무 막막하다고, 그래서 포기해야겠다고 말하지 말라.

　나는 목에 칼을 쓰고도 탈출했고, 얼굴에 화살을 맞고 죽었다가 살아났다.

　적은 밖에 있는 것이 아니라 내 안에 있었다.

　내게 거추장스러운 것은 깡그리 쓸어버렸다. 나를 극복하는 그 순간 나는 칭기즈칸이 되었다.

　절제와 인내의 가치를 잘 표현한 메시지에 큰 울림이 다가온다.

　『명심보감』〈교우편〉에 나오는 글이다.

　不結子花(불결자화)는 休要種(휴요종)이요,
　無義之朋(무의지붕)은 不可交(불가교)이다.

　즉, 열매를 맺지 않는 꽃은 심지 말고, 의리가 없는 친구는 사귀지 말라는 뜻이다.

　人生如白駒過隙 인생여백구과극. 인생이란 문틈으로 백마가 달

려가는 것을 보는 것과 같다.

— 『십팔사략(十八史略)』

옛 말씀이 가슴에 와닿는 새해, 부모에게 효도하고 가족 간에 우애를 나누고 친구 간에 의리를 지키고 법을 준수한다면 죽음이 눈앞에 와도 당당하게 "하느님, 이렇게 아름다운 세상을 살다 갈 수 있게 해주셔서 감사합니다."라고 말하며 죽음을 맞이할 수 있지 않을까 싶다. 아름다운 시간을 함께해 준 참 고마운 인연들을 생각하며 나의 실수에는 엄하나 타인의 실수는 너그럽게 감싸주고 덮어주는 배려심을 키워보자.

14

신언서판(身言書判)
- 세상을 바꾸는 사람이 부자가 된다 -

스스로 드러내지 않으니 밝게 빛나고 스스로 옳다 하지 않으니 옳음이 드러나고 스스로 자랑하지 않으니 공로를 인정받고 스스로 자만하지 않으니 오래간다.

– 노자

풍채와 언변과 문장력과 판단력은 선비가 지녀야 할 네 가지 미덕을 말한다. 이는 원래 당(唐)나라 때 관리를 선발하던 기준이었다.

무릇 사람을 가리는 방법은 네 가지가 있다.
첫째는 신(身)이니, 풍채가 건장한 것을 말한다.
둘째는 언(言)이니, 언사가 분명하고 바른 것을 말한다.

셋째는 서(書)이니, 필체가 힘이 있고 아름다운 것을 말한다.

넷째는 판(判)이니, 글의 이치가 뛰어난 것을 말한다.

이 네 가지를 다 갖추고 있으면 뽑을 만하다.

(凡擇人之法有四. 一曰身, 言體貌豊偉. 二曰言, 言言辭辯正. 三曰書, 言楷法遒美, 四曰判, 言文理優長. 四事皆可取.)

－『신당서(新唐書)』〈선거지(選擧志)〉

"옛날에 인물을 골랐던 네 가지 기준이 신언서판(身言書判 몸가짐이 바르고, 언변이 좋고, 글을 잘 쓰고, 판단력 있는 지혜로운 사람)이었다면, 오늘날은 내면의 부드러운 카리스마와 인성과 덕을 갖춘, 재능 있는 사람일 것이다."

동서고금을 막론하고, 여자를 볼 때는 미모를 보고, 남자를 판단할 때는 '신언서판'을 기준으로 삼는다.

춘추 전국시대 제나라 재상이었던 관중이 지은『관자』에 다음과 같은 내용이 있다. "하나를 심어 하나를 거두는 것은 곡식이고, 하나를 심어 열을 거두는 것은 나무이며, 하나를 심어 백을 거두는 것은 사람이다." 인재의 중요성을 강조한 말로 2600여 년의 세월이 흐른 오늘에도 되새겨 볼 만한 의미 있는 구절이다.

중국 당나라는 7세기에 세계의 중심으로 우뚝 섰다. 이를 가능하게 했던 군주가 바로 당나라 태종 이세민이다. 그의 치세 기간 동안 당나라는 정치적으로 안정되고 경제적으로 번영했다. 그 당시 태종이 기득권 세력을 억누르고 신진 관료를 등용하기 위해 도입한 과거제도의 인재 선발 기준이 신언서판(身言書判)이었다. 즉 관리를 뽑는 시험에서 인물의 평가 기준으로 삼은 게 몸(身體), 말씨(言辭), 글씨(筆跡), 판단(文理)이란 것이다.

신언서판은 중국 당나라 이후 동양 여러 나라에서 관리 채용의 기준이었다. 우리나라도 고려 광종 때 도입되었고, 조선에서도 선비를 등용할 때 활용했다.

중학교 다닐 때 한문 선생님이 칠판에 '身言書判'을 써 놓으시고, 항상 신언서판이 반듯하게 살아야 한다고 말씀하셨다. 인상이 좋고 말씨가 고운 사람을 친구로 삼고 세상을 살아가는 것이 성공의 비결이라고도 하셨다.

이처럼 신언서판이라는 고사성어가 있지만, 세상을 살아가면서 사람의 겉모습만 보고 그 사람을 판단하는 경우가 종종 있다. 우선 눈에 보이는 것으로 그 사람을 판단할 수밖에 없기 때문이다. 그러나 눈에 보이는 것은 빙산의 일각일 뿐이다. 아무리 오래 사귀어도 알 수 없는 것이 사람이다. 열 길 물속은 알아도 한 길 사람 속은 모른다는 속담이 있지 않은가.

또 매일 많은 사람을 만나지만 정말 알 수 없는 게 사람의 속마음이다. 사람마다 여러 측면을 가지고 있어서 이것이 좋고 저것이 나쁘다고 말하기는 어렵다. 그래서 신언서판이 사람을 보는 판단 기준이 되지 않았을까 한다. 그러나 신언서판에서 외모가 첫째지만 버려야 하는 1순위 또한 외모다. 미인박명은 너무 예뻐도 팔자가 세다는 뜻이다. 즉 뚝배기보다 장맛이어야 한다.

조선 초기 황희 정승이 누추한 옷을 입고 길을 걷다가 시장기를 느낄 무렵 잔칫집을 지나게 되었다. 밥 한 술 얻어먹어볼까 하여 그 집에 들어서니 하인들이 대문부터 막았다. 배가 고파 그러니 요기나 하자고 사정을 해도 하인들은 막무가내로 정승을 막았다.

이후 그 집에서 다시 잔치가 열렸을 때 정승은 사모관대를 갖춰 입고 찾아갔다. 그랬더니 하인은 말할 것도 없고 주인도 버선발로 달려 나와 그를 맞이하고는 산해진미를 차려 내왔다. 그러자 정승은 잘 차려진 음식을 먹지 않고 음식을 옷 속으로 집어넣었다. 이를 보고 주인이 이상하게 여겨 그 이유를 묻자. 정승은 이렇게 대답했다. "이전에 허름한 옷으로 찾아왔을 때는 나를 거들떠보지도 않더니 오늘은 귀한 대접을 하는구나. 모두 이 옷 덕택이니 음식을 먹을 자격은 이 옷에게 있느니라."고 했다.

그렇다. 외모만 보고 사람을 판단해서는 안 된다. 그것은 마치 수박의 겉만 보는 것과 같다. 수박의 겉만 봐서 그 맛이 달고 시원한지 어떻게 알 수 있겠는가. 사람도 학벌, 가문, 외모가 아니라 그 안에 무엇이 있는지가 더욱 중요하다. 즉 내면의 인성과 덕, 재능, 실행력이 중요하다. 사람을 외모로 보는 어리석은 실수를 범하지 말아야 한다. 내가 다른 사람을 사랑하고 귀하게 여길 때 다른 사람도 나의 외모와 상관없이 나를 사랑하며 귀하게 여길 것이다.

속물주의(俗物主義)는 금전이나 명예를 첫 번째로 꼽으며 눈앞의 이익에만 관심을 가지는 태도이고, 속물근성(俗物根性)은 근성이나 성질을 말한다.

쭉정이(immatured aborted grain, empty grain)는 껍질만 있고 속에 알맹이가 들지 아니한 곡식이나 과일 따위의 열매를 지칭하는데, 보리 쭉정이는 쓸모없게 되어 사람 구실을 제대로 하지 못하는 사람을 비유한다.

소음이 많은 세상이다. 쭉정이를 골라내는 혜안을 갖자!

15

시련(試鍊)은
우리 삶을 튼튼하게 성공(成功)시킨다

사람은 누구나 주어진 일과 원하는 것이 있다. 비록 보잘것없을 지라도. Every man has business and desire, Such as it is.

– 윌리엄 셰익스피어(William Shakespeare)

절제와 인내를 생활의 원칙으로 삼는다면 부유하고 권세가 있더라도 일상의 비참을 면할 수 있을 것이다.

– 쇼펜하우어

자신의 이익은 엄격히 하고, 타인의 이익은 넉넉히 해준다. 대인 관계를 원만히 유지하기 위해서는 반쯤 바보가 되어야 한다.

목표를 향해 폭풍우를 헤치며 항해하는 배에는 많은 장애물과 고통과 인내가 따른다.

부모가 자식을, 스승이 제자를, 상사가 직원을 위하는 마음으로 오롯이 혼자 고민하고 견뎌야만 일을 이룰 수 있다.

지금 당장은 서운하고 안타까움이 있을지 몰라도 나중에 진정한 도움이 되고 보람을 느끼기 위해 정진하여야 한다. 이는 인내심의 힘으로 가능하다.

다음은 어느 소나무의 가르침에 대한 이야기다.

소나무 씨앗 두 개가 있었다. 하나는 바위틈에 떨어지고 다른 하나는 흙 속에 묻혔다.

흙 속에 떨어진 소나무 씨앗은 곧장 싹을 내고 쑥쑥 자랐다. 그러나 바위틈에 떨어진 씨앗은 조금씩 자랐다.

흙 속에서 자라는 소나무가 말했다.

"나를 보아라! 나는 이렇게 크게 자라는데 너는 왜 그렇게 조금밖에 못 자라느냐?" 바위틈의 소나무는 아무 말도 하지 않고 깊이깊이 뿌리만 내리고 있었다. 그런데 어느 날 비바람이 몰아쳤다. 태풍이었다.

산 위에 서 있는 나무들이 뽑히며 꺾어지고 있었다. 그때 바위틈에서 자라나는 소나무는 꿋꿋이 서 있는데 흙 속에 있는 소나무는 뽑혀 쓰러지고 말았다.

그러자 바위틈에 서 있던 소나무가 말했다.

"내가 왜 그토록 모질고 아프게 살았는지 이제 알겠지? 뿌리가 튼튼하려면 아픔과 시련을 이겨내야 하는 거야."

우리에게도 주어진 일과 원하는 일이 있다. 우리가 원하는 일도 중요하지만 주어진 일에 최선을 다할 때 크나큰 축복을 받을 수 있다.

16

검소(儉素)하지만 누추(不陋)하지 않고, 화려(華而)하지만 사치(不侈)스럽지 않다

부(富)는 검소(儉素)하지만 누추하지 않고, 화려하지만 사치스럽지 않다.

'내 시간을 내 뜻대로 쓸 수 있다는 것이 돈이 주는 가장 큰 배당금이다.'

필자가 만난 부자들은 검소하지만 누추한 삶을 살지 않았고, 화려하지만 사치스럽지 않게 살고 있었다. 즉, 나름대로 살아가지만 부자들만의 루틴이 있었다.

돈을 벌려면 리스크를 감수하고, 낙천적 사고를 하고, 적극적 태도를 갖는 등의 요건이 필요하다.

그러나 돈을 잃지 않는 것은 리스크를 감수하는 것과는

정반대의 재주를 요한다. 그것이 검소함이고 사치스럽지 않아야 한다는 것이다.

검소함이 바탕이 되어야, 돈을 벌 때만큼이나 빨리 돈이 사라질 수 있음을 알고 그에 대한 두려움에서 벗어날 수 있다. 번 돈의 적어도 일부는 행운의 덕이므로 과거의 성공을 되풀이할 거라 믿지 말고, 검소하고 사치스럽지 않은 겸손한 태도를 가질 필요가 있다.

성공 기업은 첫째, 둘째, 셋째도 사람이었다. 지금은 고인이 되신 정주영 회장님은 초등학교도 제대로 나오지 못했지만 직원채용, 훈련, 대우방식이 뛰어나다 보니 스카이대와 하버드대 졸업생들이 취업을 위해 몰려들었다. 중요한 것은 직원들의 학벌이나 인물이 아니라 그들의 두뇌를 사는 것이다. 이들을 채용하여 자산수익률 150~300%를 얻는다.

이뿐만이 아니다. 이들을 유능한 교육자를 통해 훈련과 트레이닝으로 훈육시켜 생산성을 높이고 끊임없이 성장과 발전을 이끌어 낸다. 기업 성장의 제1요소가 사람, 즉 인재 채용이다.

각자 개인의 역량이 지금까지 학습한 내용에 가미되어 스파크가 일어나 기업을 더욱더 성장시킨다. 능력은 배가 되어 새로운 투자목표는 조기에 성공의 문으로 들어간다. 그리고 직원들과 그 가족들을 초청하여 인문학 강의로 멘탈의 중심을 잡아준다.

"부(富)는 검소(儉素)하지만 누추하지 않고, 화려하지만 사치스럽지 않다." 이 이야기를 들은 직원들은 깊이 자숙하고 반성하며 월급과 자산을 함부로 사용하지 않고 돈을 모아 회사 주식에 재투자하고 회사는 투자금을 더하여 더 높은 기술로 회사를 성장시킨다. 이것이 대기업 성공의 법칙이었다.

검소하지만 누추하지 않고, 화려하지만 사치스럽지 않다.

오늘 이 글을 필자는 직접 적어보며, 친구로부터 전해 들었던 비단과 걸레에 관한 이야기를 꺼내본다.

'비단'은 귀하지만 모든 사람에게 반드시 필요한 물건은 아니다. 그러나 '걸레'는 모든 사람에게 반드시 필요하다.

어리석은 사람은 인연을 만나도 인연인 줄 알지 못하고, 보통 사람은 인연인 줄은 알아도 그것을 살리지 못하며, 현명한 사람은 소매 끝만 스친 인연도 살릴 줄 안다. 어떤 사람을 만나고, 어떤 책을 읽고, 어떤 배움을 얻느냐에 따라 인생은 전혀 달라진다.

도대체 무엇이 우리의 인생을 갈라놓을까?

수많은 원인이 있을 수 있겠지만 대부분의 경영학자들은 '인맥의 차이'를 중요한 요소로 꼽는다. 인생을 실패하는 가장 큰 원인은 '인간관계'라고 한다. 사람들은 인간관계에서 만나는 사람의 라이프스타일을 따라간다.

필자와 같이 근무하는 여직원들 중 검소하고 절약하는 여직원이 있다. 이 여직원은 연 3천만 원~5천만 원을 절약하여 목돈을 만든다. 물론 점심은 집에서 준비하여 해결하고 커피도 4천 원~6천 원짜리 밖에서 파는 것을 사 먹지 않고 사무실 커피로 해결한다. 신입직원들이 이 선배 언니를 만나면 같은 방법으로 목돈을 모아 결혼 전 집을 장만하고 자신이 좋아하는 남자를 만나 행복한 결혼생활을 할 수 있을 것이다. 실제로 필자가 퇴직 전 마지막으로 근무한 지점에 있던 여직원이 아파트를 구입한 상태에서 연하 남자를 만나 남자가 살림을 채우고 결혼하여 아이 낳고 출산휴가를 보낸 뒤 퇴직한 경우를 보았다.

인생의 후반전을 풍요롭고 값지게 살기 위해서 나는 무엇을 준비하고 있는가? 복권에 당첨될 사주이거나, 돈 많은 배우자를 만나거나, 청담동며느리가 될 팔자이거나, 강남부자의 사위가 될 팔자이거나 부모로부터 엄청난 부를 물려받지 못할 상황이라면, 부(富)는 검소(儉素)하지만 누추하지 않고, 화려하지만 사치스럽지 않다는 교훈을 되새기며 소박하게 생활한다면 큰 부자는 아니어도 작은 부자가 되어 돈 걱정은 하지 않아도 되지 않을까?

17

부자(富者)가 되는 것보다 중요한 것은 부자(富者)로 남는 것이다

부자가 되는 것보다 중요한 것은 부자로 남는 것이다.

바로 살아남는 일이다. 돈 문제에 있어 '생존'이라는 사고 방식이 그토록 중요한 데는 두 가지 이유가 있다.

첫 번째는 아무리 큰 이익도 전멸을 감수할 만한 가치는 없다는 것이며, 두 번째 이유는 복리의 수학적 원리가 직관적이지 않다는 점이다.

당신은 왜 부자가 되지 못했는가? 『돈의 심리학』의 저자 모건 하우절은 복리의 원리가 빛을 발하려면 자산이 불어날 수 있게 오랜 세월을 허락해야 한다고 말한다. 복리는 마치 참나무를 심는 것과 같다. 1년 키워서는 별로 자란 것 같지가 않다. 그러나 10년이면 의미 있는 차이가 생길 수 있고, 50년이면 대단한 무언가를 만들어 낼 수 있다. 그러나 대단한 성장을 이루고 지켜가기 위해서는 누구나 겪게 되는 예측 불가능한 수많은 오르막, 내리막을 견디고 살아 남아야 한다.

워런 버핏이 어떻게 그런 투자수익률을 거두었는지 알아 내려고 밤낮으로 매달릴 수도 있다. 그런데 이보다 덜 어려우면서도 똑같이 중요한 일이 있다. 버핏이 무엇을 '하지 않았는지' 주목하는 것이다.

그는 빚에 흥분하지 않았다. 그는 한 가지 전략, 한 가지 세계관, 스쳐 지나가는 한 가지 트렌드에 집착하지 않았다. 그는 남의 돈에 의존하지 않았다. 그는 스스로를 녹초로 만들거나, 중도 포기하거나, 은퇴하지 않았다. 그는 살아남았다. 생존이 그의 장수 비결이다.

멍거와 버핏, 게린은 부자가 되는 데 똑같이 재주가 있었다. 그러나 버핏과 멍거는 '부자로 남는 재주'까지 추가로 갖고 있었다. 시간이 지났을 때 가장 중요한 재주는 바로 이것이다. 그리고 '살아남는다'는 사고방식을 현실 세계에 적용하는 것이 핵심이다.

계획이 계획대로 되지 않을 때를 대비한 계획을 세우고 그 다음 계획대로 움직인다. 좋은 계획은 험준한 현실을 애써 부인하지 않는다. 좋은 계획은 이를 온전히 받아들이고 오류의 여지를 강조한다. 계획 속의 구체적 요소들이 모두 맞아떨어져야 한다면 그만큼 경제생활이 위태롭다는 뜻이다.

반면 나의 저축 비율에 오류의 여지가 크다는 사실을 인정하면 이렇게 말할 수 있을 것이다. "향후 30년간 시장수익률이 8퍼센트라면 좋겠지만, 4퍼센트만 되어도 나는 문제없을 거야." 이렇게 되면 계획은 더 큰 가치를 갖게 된다.

수많은 도박이 실패하는 이유는 그 도박이 틀렸기 때문이 아니다. 여러 상황이 정확히 일치할 때에만 맞아 들어가는 것이 대부분이기 때문이다.

우리는 다양한 방식으로 안전 마진을 확보할 수 있다. 검소한 생활, 유연한 사고, 느슨한 일정은 보수적인 것과는 다르다. 보수적인 것은 특정 수준의 리스크를 회피하는 것이다. 경제도, 시장도, 커리어도 종종 비슷한 경로를 따른다. 그러나 상실 한가운데서 성장이 일어난다. 170년 동안 우리의 생활수준은 20배 높아졌다. 하지만 비관적으로 생각할 수밖에 없는 이유가 거의 매일 존재했다. 편집증과 낙천주의를 동시에 유지하는 것은 쉽지 않다. 그러나 장기적으로 낙천주의의 이점을 누릴 수 있을 만큼 오래 버티려면 단기적으로는 편집증을 가질 필요가 있다.

富의 인문학(人文學),
무엇이 성공한 삶인가

부(富)의 인문학으로 배우는
21세기 인생수업

　　교육은 일방적인 가르침이 아니라 내재된 잠재력을 스스로 발현할 수 있도록 도와주는 것이다.

　　교육은 지식을 가르치는 것이 아니라 사람을 키우는 일이다.

　　스스로 발견하게 하는 것, 생각의 힘을 길러주는 것이 참교육이다.

　　현명한 질문이 사람을 키워준다. 좋은 질문이 사람을 키운다. 배운다는 것의 최대 장애물은 답을 가르쳐주는 것이 아닐까?

　　그것은 스스로 답을 찾아낼 기회를 영원히 박탈해 버리기 때문이다. 스스로 생각해서 답을 찾아내야 진정한 배움을 얻을 수 있다. 엘리 골드렛이『더 골』에서 밝힌 내용이다.

　　좋은 사람을 만나는 것은 신이 내린 선물이라고 한다. 그 사람과의 관계를 지속시키지 않는 것은 신의 선물을 내팽개치는 것이다. 빌 게이츠 회장은 자신의 인생에서 가장 탁월한 의사 결정이 무엇이냐는 질문에, '폴 앨런과 스티브 발머를 최고경영자로 영입한 것'이라고 밝혔다. 전적으로 신뢰할 수 있고 헌신적으로 노력하는 사람, 비전을 공유하고, 독선을 견제해 줄 수 있는 뛰어난 사람이 있다는 것은 큰 복이 아닐 수 없다. 선물을 알아보는 혜안과 이를 확실히 챙기기 위해 더 큰 노력이 필요하다.

가벼운 아령으로는 근육을 키울 수 없다. 감당하기 어려운 시련과 고통이 아니면 성장할 수 없는 것처럼 근육을 키우려면 감당하기 어려운 무게를 들어야 한다. 어려운 과제를 해결할 때마다 그만큼 강해지고 그만큼 성장한다.

"뿌리를 단단히 박고 하늘을 찌를 듯이 서 있는 나무들을 보라. 그들은 모두 폭풍우를 견딘 모습이다." 보도 새퍼가 『멘탈의 연금술』에서 말하고 있다.

가벼운 아령으로 근육을 키울 수 없는 것처럼 어려운 시련과 문제를 만났을 때 이를 기꺼이 받아들이고 기뻐하는 마음가짐을 가져야 한다. 어려운 고난과 시련이 근육을 키울 수 있는 최고의 아령이라 할 수 있다.

18

富의 인문학(人文學)으로 바라본 말의 지혜

똑같은 말인데도 누구는 복이 되는 말을 하고 누구는 독이 되는 말을 한다.

『명심보감(明心寶鑑)』〈익지서(益智書)〉에 여자에게는 네 가지 칭송할 덕목(女有四德)이 있다고 했다.

첫째는 마음씨(始諸德)를 말하고,

둘째는 맵시(始諸容),

셋째는 말씨(始語高),

넷째는 솜씨(始南工)를 말한다.

이것이 어찌 여자에게만 해당되겠는가? 남자 또한 네 가지 덕목이 필요한 시대가 되었다.

그중에 단연 으뜸으로 꼽은 것이 말씨라 할 수 있다. 말은 마음의 표현이기 때문이다. 말로 좋은 씨를 뿌려야 한다.

초등학생 어린이에게 "씩씩하고 멋지구나. 너는 미래의 장군감이다.", "넌 말을 잘하니 변호사가 되겠구나.", "너는 훌륭한 과학자가 되겠구나.", "너는 착하고 똑똑하니 신부님(사제)이 되겠구나." 이렇듯 말에 복을 담는 습관이 필요하다. 좋은 언어 습관은 '말씨'를 잘 뿌리는 것에서 시작된다.

전철에서 중년 여인이 경로석에 앉은 할머니에게 말을 건다.
"어쩜 그렇게 곱게 늙으셨어요?" 그런데 할머니는 시큰둥한 표정이다. 다음 역에서 중년 여인이 내리기 무섭게 "그냥 고우시네요, 하면 좋잖아. 늙어버린 것을 누가 몰라?"라고 퉁명하게 뇌까렸다. 듣고 보니 그렇기도 하다.

프랑스 작가 장자크 상페(프랑스어: Jean-Jacques Semp, 1932~)는 자신의 책 『뉴욕 스케치(Par avions)』(1989)에서 뉴요커들의 긍정적인 말버릇을 관찰했다.

그들은 뻔한 얘기인데도 습관처럼 상대의 말꼬리에 감탄사(!)를 붙이고 물음표(?)를 달아준다고 했다. 이는 내 말에 관심을 갖는다는 표시로 받아들여지고 서로의 삶과 이야기를 격려해 줘서 대화의 효과를 높인다.

말이란 닦을수록 빛나고 향기가 난다. 말할 때도 '역지사지(易地思之)'가 필요하다. 대화를 나눌 때는 언제나 상대방의 입장을 염두에 두고 해야 한다. 적어도 실언(失言)이나 허언(虛言) 같은 말실수를 막아내는 지혜가 필요하다.

19

성공(成功)한 사람 뒤에는
사람(人)이 있었다?

가난한 집안 환경으로 학교 문턱도 못 넘었지만 성공한 사람들은 남다른 삶을 살아왔다. 그렇다고 완전히 새로운 세상을 살아온 것은 아니다.

같은 세상에서 특별한 용기와 열정을 가진 그들은 일반인과는 다른 생각과 방법으로 접근해서 승리를 거머쥔 사람들이다. 그러나 그들의 성공은 주위에 있는 사람들 덕분이었다.

고대 그리스에서는 나쁜 소식을 전하는 사람을 죽이는 미개한 짓을 하였지만, 정보라는 것은 너무나 소중한 것이다. 더욱이 AI(인공로봇)가 사람의 일을 하는 4차 산업혁명 시대인 현재, 어제의 정보는 지금은 유효한 정보가 아닐 수 있다.

정확하고 틀림없는 고급정보를 전달해 주는 사람과 교류하는 것도 성공을 향한 하나의 방법일 수 있다.

공자도 사람을 가리는 데 있어서 실수를 했다. 못생긴 외모 때문에 오해받은 담대멸명(澹臺滅明)이 그 경우인데, 공자는 처음에 그의 추한 외모를 보고 별다른 재능이 없을 것으로 판단했다. 하지만 그가 공적인 일이 아니면 권력자를 만나지 않는 등 '쉬운 길의 유혹'을 잘 이겨 내는 인재라는 것을 알고, "외모만 보고 사람을 평가하면 실수하게 된다."고 말했다.

그렇다면 일 잘하는 인재인지 아닌지를 어떻게 알 수 있는가? 일차적으로 말을 살피는 방법을 배워야 한다.

말을 헤아려 듣지 않고 그 사람을 알 방도는 없기 때문이다. "안온하고 자세해서 선후를 잃지 않아 듣는 이로 하여금 쉽게 알 수 있게 하는 사람, 절의를 격려해 듣는 사람에게 감동을 일으키는 자, 사람들을 화합시켜 어려운 일을 잘

[제5강] 富의 인문학(人文學), 무엇이 성공한 삶인가

풀어가는 사람"이 말을 잘하는 사람이다.

  반대로 "말을 촉박하게 하고 선후를 잃는 자, 상대를 거슬러 화나게 하는 자, 지나치게 아첨해 남을 해치는 자, 그리고 잔재주의 말로 사람들을 희롱하는 자"는 모두 언어가 좋지 못한 사람이다. 한마디로 일이 되도록 말을 하는 사람인지 아닌지를 살펴야 한다.

  그런데 "말을 살피고 알아보는 힘은 결국 자신의 경험에서 나온다."고 한다. "말을 들어보면 그가 얼마 동안이나 (일의 실마리를) 연구하고 해법을 찾았으며(究索), 어느 정도까지 (일하는 방법을) 깨닫고 쌓았는지 알 수 있다."

  이렇게 사람을 헤아리는 경지(造詣)는 결국 듣는 사람의 경험이 좌우한다는 것이 최한기의 통찰이었다. 자기의 경험과 그릇의 크기만큼만 다른 사람의 말을 헤아릴 수 있는 법이다.

  일하는 자세와 능력을 헤아리는 것이 인재 관찰법의 요체인데, 최한기는 세 가지를 들었다. 일을 준비하는 모습과 마무리하는 태도, 어려움에 처했을 때 참고 견뎌 내는 능력과 일을 어렵게 여기고(爲難) 접근하는 자세다.

이 중에서 특히 세 번째가 제일 중요하다. 일은 결국 사람들과 더불어 하기 때문인데, 그가 어떤 자세로 사람을 섬기고(事人) 일을 시키는지(役人), 어떤 생각으로 다른 사람과 교제하고(交人) 맞이하는지(接人)에 따라 일이 쉬워지기도 하고 어려워지기도 하기 때문이다.

세종이 지방으로 내려가는 수령들을 일일이 만나보면서 "일을 쉽게 여기고 처리하면 성공하지 못하지만 그 일을 어렵게 여겨서 처리하는 이는 반드시 성공한다."고 당부한 것은 바로 이 때문이었다.

겸손하고 신중한 자세는 인재의 핵심 덕목이고, 지도자의 필수 요건인 것이다.

20

부(富)는
어진 마음(仁)에서 비롯된다

어떻게 하면 다양한 사람들과 어울리며 감사하며 살 수 있을까? 필자는 늘 밥을 사주고 선물을 사준다. 이런 행동이 德(덕)을 쌓고 산다고 생각하기 때문이다. 이 덕은 나 아닌 후세에게 다시 복으로 돌아온다.

공자의 생애와 활동을 살피려면 인(仁)에 대한 설명이 따른다. '인'은 한마디로 사람을 사랑하는 마음으로 요약된다.

공자의 집 마구간에 불이 났을 때 공자는 말보다 사람이 다쳤는지 물었다. 현대의 생태적 감수성을 갖고 있는 사람이 들으면 말의 생명은 경시한 거냐고 시비를 걸 수 있겠지만, 공자에게 무엇보다 중요한 건 사람에 대한 사랑이었다.

그래서 언제나 仁의 마음을 간직하고 있어야 한다고 가르쳤다.

공자의 다른 말들도 새겨들을 만하다. "훌륭한 덕이 있는 사람은 반드시 훌륭한 말을 하지만 훌륭한 말을 하는 사람이 반드시 훌륭한 덕을 지니고 있는 것은 아니다."

"문밖에 나가서 만나는 사람마다 큰 손님을 대하듯이 하고 백성을 부릴 때는 큰 제사를 받들 듯이 해보라."

"널리 배우고 뜻을 단단히 세우며 간절하게 묻고 가까이 생각하면 인이 그 가운데 있으니 잘 찾으라."

사람보다 '말(馬, 물질의 상징으로 본다면)'이 더 중요하게 여겨지는 자본주의 세계에서 공자의 인간에 대한 애정, 사랑은 다시금 우리를 돌아보게 한다. 이는 공자가 인본주의(人本主義 : 인간이 모든 것의 중심이 된다는 사상)를 몸소 실천하셨기 때문이다.

공자는 춘추전국 시대 혼란의 원인을 인간의 도덕성 타락으로 봤다.

유학에서는 도덕성 자체를 인간이 타고났다고 여긴다.

공자는 사회적 혼란을 해결하려면 도덕성을 가리고 있는 욕구를 다스리면 해결된다고 생각했다.

그렇다면 공자가 말하는 도덕성이란 과연 무엇을 뜻하는 것일까? 바로 인(仁)을 뜻한다.

많은 뜻을 내포하고 있는데 그중 가장 대표적인 뜻은 인간다움이다.
인간다움이란 남을 사랑하는 마음을 뜻한다.

남을 사랑하는 마음 인(仁)은 조건적, 차별적 사랑을 의미한다. 남을 사랑하기 위해서는 전제 조건으로 앎이 있어야 한다. 이것이 참이구나! 이것이 거짓이구나!라는 것을 분별할 수 있어야 한다. 이렇게 분별적 앎으로 사랑을 실천하는 것을 인이라고 한다.

인(仁)과 예(禮)를 통해 도덕을 확립하고 사회 질서를 회복해야 모든 사람이 잘 살 수 있는 사회가 된다. 이런 사회는 신분적으로 평등하고, 재화의 공평한 분배를 지향하는 사회다.

말은 이상적 인간관으로 사물을 주장하는데, 실천은 그렇지 않은 이중적인 모습으로 실망을 불러일으키는 생각

따로 말 따로 행동 따로 생활하는 사람들이 대다수이다.

富(부)를 축적하고 성공한 많은 사람들은 분별적이고, 덕망(德望)이 높고 인(仁)을 실천(實踐)하고 있었다.

이런 어진(仁) 사람이 운영하는 기업은 100년, 200년 가업으로 이어갈 수 있다.

21

무엇이
성공(成功)한 삶인가?

성공은 〈명예〉, 〈운명〉, 〈행복〉, 〈정의〉, 〈아름다움〉, 〈분노〉, 〈공동체〉, 〈역사〉, 〈영웅〉, 〈죽음〉 등 12개의 화두를 다룬다.

사마천(司馬遷)의 『사기』에 눈길을 끄는 대목이 있다.

사마천은 2세기까지 중국에서 나온 역사서 가운데 가장 중요한 것으로 꼽히는 『사기』를 저술했다. BC 105년 중국 달력의 개편 작업을 담당했다. 거의 같은 시기에 중국 역사서 『사기』 집필에 착수하여 BC 90년에 완성했다. 그에게 커다란 성공을 가져다준 이 책은 과거의 복잡한 사건들을 질서정연하게 기술했다는 점이 돋보였다. 또한 주제가 후기의 역사서들처럼 궁정 중심의 정치적인 것에 한정되어 있

지 않고, 훨씬 폭넓은 사회계층을 다루고 있어서 훗날 중국
역사서의 본보기가 되었다.

공자가 잠시 노나라의 재상이 되어 정사를 잘 돌보자 이
를 두려워한 이웃 나라의 왕이 간계를 내어 말과 함께 미녀
를 보내왔다. 왕이 미녀들에 빠져 정사를 돌보지 않자 그는
미련 없이 나라를 떠났다. 그러면서 다음과 같은 노래를 불
렀다.

군주가 여인의 말을 믿으면 군자는 떠나가고 군주가 여
인을 너무 가까이하면 신하와 나라는 망하도다. 유유히 자
적하며 이렇게 세월을 보내리라.

무엇이 좋은 삶인가? 공자님은 '朝聞道 夕死可矣'라고 이
르셨다. 즉 아침에 도를 들으면 저녁에 죽어도 좋다고 하셨
던 말씀에서 삶의 깊이를 느끼게 해준다.

최근 필자가 감명 깊게 읽은 책이 있다. 『무엇이 좋은 삶
인가』는 서양고전학자 김헌 교수와 중문학자 김월회 교수
가 각각 12가지씩 모두 24가지의 철학적 질문을 선정한 다
음, 동서양 고전을 통해 해법을 찾고, 인생의 중요한 주제
들에 대해 성찰한 책이다.

선택한 질문으로 '무엇이 좋은 삶인가' '누구에게 인정받을 것인가' 등이 있다. 동양과 서양의 철학, 고전을 바탕으로 인생에 대한 이야기를 풀어냈다. 그 이야기를 통해 '무엇이 좋은 삶인가'에 대한 길을 찾아갔다. 김헌 교수님은 "고전이란 모든 사람이 칭찬하지만, 아무도 읽지 않는 책"이라고 한 마크 트웨인을 말을 인용했다.

"무뚝뚝한 고전 몇 권을 읽고 또 읽으면서 포기하지 않고 뚝심 있게 곱씹어 나가자, 그 고전에서 환한 빛을 보게 됐다. 세상이 우리에게 던지는 성공에 대한 여러 가지 물음들이다."고 말했다.

〈명예〉 편에서는 불멸의 존재로 남으라는 제안을 거절한 오디세우스와 에우리피데스의 비극 '메데이아'에 나오는 유모의 이야기를 대비했다. 이를 통해 한 사람의 인생에 명확한 정답은 없다는 것을 말한 것 같다. 위대한 영웅의 삶과 소박한 유모의 삶을 통해 우리네 인생을 돌아보게 한다.

"오디세우스는 잊히는 것이야말로 진정한 죽음이라고 생각했다. 그가 꿈꾸는 불멸은 인간의 조건을 벗어나는 초인적인 것이 아니라 필멸이라는 인간의 조건 안에서 이루어지는 인간적인 불멸이었다. 그 유일한 길은 죽음으로 유한

한 삶을 오롯이 마감하고, 살아있는 사람들의 기억 속에 불멸하는 명성으로 남는 것이었다."

〈부(富)〉를 다룬 편도 흥미롭게 읽힌다.

"돈을 벌어 가족과 여유롭게 생활하며, 자녀들을 넉넉하게 키우고, 병이 들어도 걱정이 없고, 열심히 일한 뒤에는 돌아가 편안하게 쉴 수 있는 보금자리가 있는 삶을 살기 위해 그저 '정직하고 성실하기만 하면' 충분한 사회를 꿈꾼다. 남을 속이고 짓밟을 필요도 없다. 법을 어기지 않아도 된다. 맡은 일만 열심히 하면 된다. 탐욕이 극심해져 눈에 뵈는 것이 없는 사람들을 '부의 신'이 외면하고, 정직하고 성실한 사람들에게 따뜻한 눈길을 던지는 그런 아름다운 세상을 그려본다."

마지막 장인 〈죽음〉에서 저자들은 "인간은 죽음에서도 주인이 돼야 한다."고 당부한다. 그래서인지 스스로 죽음의 주인이 되지 못한 이들의 죽음, 내가 왜 죽어야 하는지도 알지 못한 채 죽어야 했던 이들의 죽음이 그토록 애달픈 것인지 모르겠다.

"누구에게나 평온하고 품위 있는 삶을 희구할 권리가 있듯이 평온하고 품위 있는 죽음을 맞이할 권리가 있다."며 공자는 "가르쳐주지 않고 죽이는 것을 일러 학살이라고 한

다.(『논어』)"고 일갈했다. 인간에게는 삶에서의 존엄뿐만 아
니라 죽음에서의 존엄이 이처럼 중요하고 또 중요하다. 하
여 '내'가 '나'의 죽음에 주인이 될 필요가 있다. 이것이 성공
한 삶이 아닐까?

22

성공(成功)하고 싶다면 좋은 스승을 만나라

탈무드에 이런 말이 있다. "이 세상에 가장 지혜로운 사람이 누구인가? 어떠한 경우에도 배움의 자세를 갖는 사람이다."

좋은 스승을 만나 학문적 깊이와 덕을 쌓는 큰 그릇으로 살아간다면 분명 뜻있는 누군가가 그런 덕망 있는 자신을 알아보고 채용해서 성공의 길로 안내해 줄 것이다.

군자는 말한다. 학문이란 중지할 수 없는 것이다. 푸른색은 쪽에서 취한 것이지만 쪽보다 푸르고, 얼음은 물이 얼어서 된 것이지만 물보다 차다. 나무가 곧은 것은 먹줄에 부합하기 때문이지만, 구부려 바퀴로 만들면 구부러진 형태가 곡척에 부합한다. 비록 볕에 말리더라도 다시 펴지지 않는 까닭은 구부려 놓았기 때문이다.

그러므로 나무는 먹줄을 받으면 곧게 되고, 쇠는 숫돌에 갈면 날카로워지는 것이다.

군자는 널리 배우고 날마다 거듭 스스로 반성하여야 슬기는 밝아지고 행실은 허물이 없어지는 것이다. 그러므로 높은 산에 올라가지 않으면 하늘이 높은 줄을 알지 못하고, 깊은 골짜기에 가보지 않으면 땅이 두터운 줄 알지 못하는 법이다.

『순자(荀子)』〈권학(勸學)〉에 나오는 말이다.

청출어람청어람(靑出於藍靑於藍)

푸른색은 쪽에서 취한 것이지만 쪽보다 푸르다.

靑出於藍氷水爲之(빙수위지), 而寒於水(이한어수)

얼음은 물이 얼어 만들어지지만 물보다 더 차다.

필자가 바라본 성공은 무엇인가?

安居樂業(ān jū lè yè) 즉, 편안히 살고 즐겁게 일하고 생활에 만족하면서 즐거운 마음으로 일하는 것이 성공이라고 생각한다.

돈의 속성에 의하면 부(富)란 벌어들인 것을 쓰고 난 후 남은 것이 축적된 것에 불과하다. 소득이 높지 않아도 부를 쌓을 수 있지만, 저축률이 높지 않고서는 부를 쌓을 가능성이 전혀 없다. 이 사실을 고려하면 소득과 저축률, 둘 중 어느 것이 더 중요한지는 명확하다.

저축을 늘리는 가장 확실한 방법 중 하나는 소득을 늘리는 것이 아니다. 절약하고 검소한 습관을 늘리는 것이다. 우리 선인들께서는 밥상에 3개 이상 반찬을 올리지 말라는 말과도 일맥상통하는 말이다.

저축을 당신의 자존심과 소득 사이의 격차라고 정의해보자.

저축은 돈을 덜 쓰는 것만으로도 가능하다. 욕망을 줄이면 돈도 덜 쓸 수 있다. 남들이 나를 어떻게 생각하는지에 신경을 덜 쓰면 욕망도 줄어든다. 여러 번 언급했듯 돈은 금융보다 심리와 더 많이 연관되어 있다. 이 글을 이해하면 큰 부자는 아니어도 작은 부자는 될 수 있다.

인문학(人文學)으로
바라본
성공한 인생론(人生論)

인문학(人文學)으로 바라본
성공한 인생론(人生論)

성공한 인생론은 무엇일까?

많이 웃고, 많이 베풀고, 어려운 이웃을 보듬어 주는 사람일까?

"남을 위해 자신의 행복을 포기할 때 참된 사랑이 이루어진다."는 톨스토이의 말이 성공한 인생일까?

1887년 러시아의 문호 톨스토이는 인생의 의미나 인생에 대한 견해를 책으로 남겼다. 인간의 생활은 행복에 대한 희구이며 선한 목적을 향하여 힘쓸 때 신이 주신 행복을 얻을 수 있다고 일관되게 주장했다.

톨스토이는 인생의 목적은 행복 추구에 있으며, 행복의 달성은 사랑으로써만 가능하다고 주장했다. 사랑은 인간에게 주어진 합리적 의식에 따르는 자아의 활동이며, 자기 자신보다 다른 사람의 행복을 우선시하는 이타적 사랑으로 남을 위해 자신의 행복을 포기할 때 참된 사랑이 이루어진다고 했다.

톨스토이의 『인생론』에 의하면 당신은 모든 사람이 당신을 위해 살고, 또 그들이 자기 자신보다도 당신을 더 사랑해 주기를 바랄 것이다. 이런 소망이 이루어질 수 있는 경우는 오직 하나뿐이다.

그것은 모든 사람이 다른 사람의 행복을 위해 살고 자기보다도 남을 더 사랑하게 될 때다. 그때 비로소 당신이나 다른 사람이 모든 사람의 사랑을 받고 당신도 다른 사람이 바라던 행복을 얻게 될 것이다.

모든 사람이 자기보다 남을 더 사랑할 때 비로소 당신의 행복이 이루어질 수 있다면, 하나의 생명을 지탱하고 있는 당신도 마땅히 자기보다 다른 사람을 더 사랑해야 하지 않을까?

오직 이러한 조건 아래서만 인간의 행복한 생활이 가능하다. 이때 비로소 인간 생활에 해악을 끼치는 요소들이 전멸된다. 즉 생존경쟁, 참혹한 고통, 죽음의 고통 등이 뿌리째 뽑힐 것이다.

이 책은 인생의 궁극적인 목적이 무엇인지, 인생에서 정신적 가치와 물질적 가치는 어떤 의미를 갖는지에 대해 생각하게 한다.

톨스토이는 남을 위해 자신의 행복을 포기할 때 참된 사랑이 이루어진다고 말한다.

그는 부모를 일찍 잃고 친척들의 도움으로 자랐다. 청년 시절에는 여자와 술과 도박에 빠져 방탕한 생활을 일삼았으며, 군인이 되어 전쟁을 직접 겪기도 했다.

30대에는 아버지처럼 따랐던 형을 잃었다. 이러한 일련의 굴곡진 삶은 우리에게도 깊은 고뇌를 안겨주는 상황이다.

"성공한 인생이란 무엇인가" 오랜 기간의 고뇌와 번민 끝에 내면적 고찰을 통해 해답을 찾는다 해도 우리가 찾은 인생론은 답이 없다. 그러니 좀 부족하고 어설프고 부족하더라도 많이 웃고 주어진 삶을 즐기며 한 걸음 한 걸음 균형 있게 인생을 살아보자.

23

돈의 노예(奴隸)로 살지 말라.
돈의 주인(主人)으로 기쁘게 살아가라

우리가 타인의 불필요한 간섭, 혹은 선한 의도로 타인에게 다가갔다가 오히려 의심을 받았던 경험, 특정한 방향만을 허용하는 독선적 자세 등으로 인해 고통을 겪었다면, 장자가 말하고자 하는 삶은 그리 이해하지 못할 것도 아니다.

이건희 회장님이 운명을 달리했을 때 남기신 편지를 옮겼다.

‒ 나의 편지를 읽는 아직은 건강한 그대들에게 ‒

아프지 않아도 해마다 건강 검진을 받아보고, 목마르지 않아도 물을 많이 마시며, 괴로운 일이 있어도 훌훌 털어버리는 법을 배우며, 양보하고 베푸는 삶도 나쁘지 않으니 그리 한번 살아보세요.

돈과 권력이 있다 해도 교만하지 말고, 부유하진 못해도 사소한 것에 만족을 알며, 피로하지 않아도 휴식할 줄 알며, 아무리 바빠도 움직이고 또 운동하세요.

3천 원짜리 옷 가치는 영수증이 증명해 주고,

3천만 원짜리 자가용은 수표가 증명해 주고,

5억짜리 집은 집문서가 증명해 주는데,

사람의 가치는 무엇이 증명해 주는지 알고 계시는지요?

바로 건강한 몸이요! 건강에 들인 돈은 계산기로 두드리지 말고요.

건강할 때 있는 돈은 자산이라고 부르지만, 아픈 뒤 그대가 쥐고 있는 돈은 그저 유산일 뿐입니다.

세상에서 당신을 위해 차를 몰아줄 기사는 얼마든지 있고,

세상에서 당신을 위해 돈을 벌어줄 사람도 역시 있을 것이요!

하지만 당신의 몸을 대신해 아파줄 사람은 결코 없을 테니,

물건을 잃어버리면 다시 찾거나 사면되지만, 영원히 되찾을 수 없는 것은 하나뿐인 생명이라오!

내가 여기까지 와보니 돈이 무슨 소용이 있는가요?

무한한 재물의 추구는 나를 그저 탐욕스러운 늙은이로 만들어 버렸어요.

내가 죽으면 나의 호화로운 별장은 내가 아닌 누군가가 살게 되겠지,

내가 죽으면 나의 고급스런 차 열쇠는 누군가의 손에 넘어가겠지요.

내가 한때 당연한 것으로 알고 누렸던 많은 것들, 돈, 권력, 직위가 이제는 그저 쓰레기에 불과할 뿐, 그러니 전반전을 살아가는 사람들이여! 너무 총망히 살지들 말고, 후반전에서 살고 있는 사람들아!

아직 경기는 끝나지 않았으니 행복한 만년을 위해, 지금부터라도 자신을 사랑해 보세요. 전반전에서 빛나는 승리를 거두었던 나는, 후반전은 병마를 이기지 못하고 패배로 마무리 짓지만, 그래도 이 편지를 그대들에게 전할 수 있음에 따뜻한 기쁨을 느낍니다.

바쁘게 세상을 살아가는 분들! 자신을 사랑하고 돌보며 살아가기를!
힘없는 나는 이제 마음으로 그대들의 행운을 빌어줄 뿐이요!

변화와 도전을 두려워하지 않는 열정적인 삶 속에 기회가 찾아왔다.
삼성 이건희 회장의 장례식이 한창일 때 이건희 회장의 일대기가 방송에서 회자되면서, 그의 업적과 그가 남긴 말들이 사람들의 이야깃거리가 되기도 했었다. 필자도 이건희 회장이 남긴 돈에 대한 60가지 명언을 보면서 내가 꼭 알아야 할 것들이 있겠구나 싶어 글을 싣는다.

성공한 사람들의 습관, 생각, 마인드, 자기관리 등은 정말 많은 책에서 보아 왔다.

하지만, 우리가 그 성공한 사람들같이 되지 못하는 이유는 용기 있는 실천을 하지 않기 때문이다.

실행하고 실천하고 그리고 실패해도 포기하지 않는 끈기가 없기 때문이 아닐까? 돈에 대한 명언 60가지, 내가 중요하게 생각하는 것 몇 개를 글로 적어보며 생각해 보자.

⟨이건희 회장의 돈에 대한 명언 60가지⟩

첫째, 부자 옆에 줄을 서라. 산삼밭에 가야 산삼을 캘 수 있다.

둘째, 부자처럼 생각하고 행동하라, 나도 모르는 사이에 부자가 되어있다.

셋째, 항상 기뻐하라. 그래야 기뻐할 일들이 줄줄이 따라온다.

넷째, 남의 잘 됨을 축복하라. 그 축복이 메아리처럼 나를 향해 돌아온다.

다섯째, 써야 할 곳 안 써도 좋을 곳을 분간하라. 판단이 흐리면 낭패가 따른다.

여섯째, 자꾸 막히는 것은 우선멈춤 신호다. 멈춘 다음 정비하고

[제6강] 인문학(人文學)으로 바라본 성공한 인생론(人生論)

출발하라.

일곱째, 힘들어도 웃어라. 절대자도 웃는 사람을 좋아한다.

여덟째, 들어온 떡만 먹으려 말라. 떡이 없으면 나가서 떡을 만들라.

아홉째, 기도하고 행동하라. 기도와 행동은 앞바퀴와 뒷바퀴다.

열 번째, 자신의 영혼을 위해 투자하라. 투명한 영혼은 천년 앞을 내다본다.

열한 번째, 마음의 무게를 가볍게 하라. 마음이 무거우면 세상이 무겁다.

열두 번째, 돈은 거짓말을 하지 않는다. 돈 앞에서 진실하라.

열세 번째, 씨 돈은 쓰지 말고 아껴둬라. 씨 돈은 새끼를 치는 종잣돈이다.

열네 번째, 샘물은 퍼낼수록 맑은 물이 솟아난다. 아낌없이 베풀어라.

열다섯 번째, 헌 돈은 새 돈으로 바꿔 사용하라. 새 돈은 충성심을 보여준다.

열여섯 번째, 적극적인 언어를 사용하라. 부정적인 언어는 복 나가는 언어다.

열일곱 번째, 깨진 독에 물 붓지 말라. 새는 구멍을 막는 다음 물을 부어라.

열여덟 번째, 요행의 유혹에 넘어가지 말라. 요행은 불행의 안내

자다.

열아홉 번째, 검약에 앞장서라. 약 중에 제일 좋은 보약은 검약이다.

스무 번째, 자신감을 높여라. 기가 살아야 운이 산다.

스물한 번째, 장사꾼이 되지 말라. 경영자가 되면 보이는 것이 다르다.

스물두 번째, 서두르지 말라. 급히 먹은 밥에 체하기 마련이다.

스물세 번째, 세상에 우연은 없다. 한번 맺은 인연을 소중히 하라.

스물네 번째, 돈 많은 사람을 부러워 말라. 그가 사는 법을 배우도록 하라.

스물다섯 번째, 본전 생각을 하지 말라. 손해가 이익을 끌고 온다.

스물여섯 번째, 돈을 내 맘대로 쓰지 말라. 돈에게 물어보고 사용하라.

스물일곱 번째, 느낌을 소중히 하라. 느낌은 신의 목소리다.

스물여덟 번째, 돈을 애인처럼 사랑하라. 사랑은 기적을 보여준다.

스물아홉 번째, 기회는 눈 깜박하는 사이에 지나간다. 순발력을 키워라.

서른 번째, 말이 씨앗이다. 좋은 종자를 골라서 심어라.

서른한 번째, 작은 것 탐내다가 큰 것을 잃는다. 무엇이 큰 것인가를 판단하라.

서른두 번째, 돌다리만 두드리자 말라. 그 사이에 남들은 결승점에 가 있다.

서른세 번째, 돈의 노예로 살지 말라. 돈의 주인으로 기쁘게 살아가라.

서른네 번째, 절망 속에서도 희망을 잃지 말라. 희망만이 희망을 싹 틔운다.

서른다섯 번째, 기쁨 넘치는 노래를 불러라. 그 소리를 듣고 사방팔방에서 몰려든다.

서른여섯 번째, 지갑은 돈이 사는 아파트다. 나의 돈을 좋은 아파트에 입주시켜라.

서른일곱 번째, 불경기에도 돈은 살아서 숨 쉰다. 돈의 숨소리에 귀를 기울여라.

서른여덟 번째, 값진 곳에 돈을 써라. 돈도 신이 나면 떼 지어 몰려온다.

서른아홉 번째, 돈 벌려고 애쓰지 말라. 돈을 사랑하기 위해 애를 써라.

마흔 번째, 인색하지 말라. 인색한 사람에게는 돈도 야박하게 대한다.

마흔한 번째, 더운 밥 찬밥 가리자 말라. 배 속에 들어가면 찬밥도 더운 밥 된다.

마흔두 번째, 좋은 만남이 좋은 운을 만든다. 좋은 인연을 소중히 하라.

마흔세 번째, 효도하고 또 효도하라. 그래야 하늘과 조상이 협조한다.

마흔네 번째, 돈을 편안하게 하라. 아무 데나 구겨 넣은 돈도 비명을 지른다.

마흔다섯 번째, 느낌을 소중히 하라. 느낌은 하늘의 목소리다.

마흔여섯 번째, 한 발만 앞서라. 모든 승부는 한 발자국 차이다.

마흔일곱 번째, 돈은 보물이다. 조심조심 다루어라.

마흔여덟 번째, 있을 때는 겸손하라. 그러나 없을 때는 당당하라.

마흔아홉 번째, 부지런하라. 부지런은 절반의 복을 조장한다.

쉰 번째, 돈은 돈을 좋아한다. 생기는 즉시 은행에 입금시켜라.

쉰한 번째, 돈은 잠자는 사이에 쉬지 않고 새끼 친다. 기뻐하라.

쉰두 번째, 티끌 모아 태산이 된다. 작은 돈에도 감사하라.

쉰세 번째, 돈을 값진 곳에 써라. 돈도 자신의 명예를 소중히 안다.

쉰네 번째, 돈에 낙서하지 말라. 당신의 얼굴에 문신하면 어떻겠나 생각하라.

쉰다섯 번째, 찢어진 돈은 때워서 사용하라. 돈도 치료해 준 사람에게 감사한다.

쉰여섯 번째, 여자와 개와 돈은 같다. 쫓아가면 도망가고 기다리면 쫓아온다.

쉰일곱 번째, 돈과 대화를 나눠라. 돈의 말에 귀를 기울여라.

쉰여덟 번째, 안달하지 말라. 돈은 안달하는 사람을 증오한다.

쉰아홉 번째, 마음이 가난하면 가난을 못 벗는다. 마음에 풍요를 심어라.

예순 번째, 돈이 가는 길이 따로 있다. 그 길목을 지키며 미소를 지어라.

돈에 내재하는 가장 큰 가치는 내 시간을 내 마음대로 쓸 수 있게 해준다는 점이다.

하지만 건강만큼 더 소중한 것은 없다.

대가 없이 즐기는 흡연과 술은 언젠가는 대가를 치러야 할지 모른다.

오늘 이 순간 필자부터 가족과 사랑하는 사람들과 좀 더 오랫동안 아름다운 인생 여행을 하고 싶다면 절제할 줄 아는 지혜를 가져야겠다고 다짐해 본다.

"돈과 권력이 있다 해도 교만하지 말고, 부유하진 못해도 사소한 것에 만족을 알며, 피로하지 않아도 휴식할 줄 알며, 아무리 바빠도 움직이고 또 운동하세요."라는 말이 가슴에 와닿는다.

24

성공(成功)하고 승리(勝利)하는 사람(人)의 특성(特性)

필자가 만났던 성공하고 승리하는 이들은 대부분 절대 긍정, 항상 감사, 오직 초심, 뚝심 일관, 언제나 독서하고 배우는 습관, 근검절약하고 돈 자랑하지 않고 자신을 낮출 줄 아는 겸손함에 경제관념이 철저하고 시사에 밝았으며 가족을 소중히 생각하고 배우자를 사랑하는 사람들이었다.

돈과 재산이 아무리 많고 권력이 높은 사람도 성공하는 사람들의 특성이 없는 사람들은 구설수에 오르거나 옥살이 하거나 성공의 자리에 오래 머물러 있지 못했다.

탈무드에 다음과 같은 문답이 있다. "이 세상에 가장 지혜로운 사람이 누구인가? 어떠한 경우에도 배움의 자세를 갖는 사람이다. 이 세상에서 제일 강한 사람은 누구인가? 자신과 싸움에서 이기는 사람이다."

어느 유튜브에서 심리학 교수님께서 하신 말씀이 생각이 나 적어본다. 단 한 명을 뽑는 기업 최종 면접에 세 명이 남았다. 심사위원이 물었다. "여기서 떨어지면 어떻게 할 겁니까?"

두 명은 밝게 웃으며 "다시 준비해 도전하겠습니다."라고 대답했다. 나머지 한 명은 이렇게 말했다.

"지난번 어느 회사 최종 면접에서 떨어졌습니다. 바로 식당 가서 삼겹살 2인분에 소주 두 병 먹고 나왔습니다. 오늘도 그렇게 할 겁니다."

최종 합격자는 이 친구가 됐다.

왜일까? 실패한 자신에게 보상하는 이런 친구는 회사에서 어려운 일에 처해도 바로 회복하는 능력을 발휘하기 때문이다.

우리는 얼마나 실패한 자신을 위해 보상을 하고 있을까? 실력이 부족하고 생긴 것을 탓하며 부모를 원망하거나 자신을 비관하는 사람도 있을 것이다.

실패는 없다. 다시, 도전하고 또 도전하여 원하는 목표점에 도달할 것이니까. 성공한 연예인이 훗날 성공담을 들려준다.

면접을 수백 번 10년 이상 도전하고 또 도전하는 사람들이 많다. 과연 우리는 얼마나 도전하고 성과를 얻으며 만족하며 살아가고 있을까?

이 세상에서 가장 행복한 사람이 누구인가? 지금 이 모습 그대로 감사하면서 사는 사람이다.

아리스토텔레스는 "행복은 감사하는 사람의 것"이라 했고, 인도의 시성(詩聖) 타고르도 "감사의 분량이 곧 행복의 분량"이라고 했듯이 사람은 감사한 만큼 행복하게 살 수 있다. 행복해서 감사한 것이 아니라 감사하기 때문에 행복해진다. 빌헬름 웰러는 "가장 행복한 사람은 가장 많이 소유한 사람이 아니라, 가장 많이 감사하는 사람"이라고 말했다.

결국 행복은 소유에 정비례하기보다 감사에 정비례한다. 아무리 지식과 권세와 부(富)를 많이 쌓아 놓았다고 해도 감사가 없으면 진정 풍요로운 삶을 누릴 수 없기 때문이다.

감사가 없는 마음은 지옥과 같고 감사가 없는 가정은 메마른 광야와 같다. 감사는 행복의 원료이며 풍요로운 삶의 재료이며 생을 성공으로 이끄는 에너지이다.

　세상에서 지혜로운 사람은 배우는 사람이고 가장 행복한 사람은 감사할 줄 아는 사람이다. 성공한 사람들은 매 순간 감사할 줄 알았고, 실패를 실패로 생각하지 않았다.
　계속 도전하여 언젠가는 자신이 도달하고자 하는 목표점에 도달할 수 있다는 용기와 자신감이 있었고 그 안에는 식지 않은 열정이 있었다.

25

사람의 가치(價値)를
제대로 알아야 성공한다

사람의 아름다움은 육체에 있지 않고 영혼으로 구별해야 한다.

외모를 기준으로 살지 말아야 한다. 외모는 언제나 변하는 법이다. 거짓말을 바탕으로 살지 말아야 하는 이유는 거짓이 또 다른 거짓으로 이어지고 신뢰가 깨지기 마련이며 결국에는 숨겨진 위선이 드러나게 마련이기 때문이다. 다른 사람 위주로 사는 것도 좋지 않다. 그러한 사람은 쉽게 무시당하는 상황을 많이 보아 왔다. 너무 다른 사람을 위하기보다 자기 자신을 귀하게 여기고 살아가다 보면 어느새 다른 사람도 나를 존중해 주고 가치를 인정해 준다.

인생은 완벽하지 않다. 하지만 우리가 사랑하는 사람들과 함께하는 인생은 완벽보다 더 좋은 인생이다.

대부분의 성공자들은 물건과 사람의 가치를 제대로 알아보는 혜안이 있었다.

　　수도원에서 금속 공예 일을 하는 젊은 수사님의 말씀이다.
　　"쇠는 나뉠수록, 단련할수록 값도 빛도 더 납니다. 여기 3천 원짜리 쇠 한 덩어리가 있습니다. 이것을 간단한 쇠 말굽으로 만들면 6천 원 정도 나갑니다. 그러나 미사 때 쓰는 도구로 만들었을 때는 원가의 100배 쯤 되는 30만 원의 값을 지닙니다. 하지만 이 쇳덩어리를 전문 업체로 보내어 의료용 기기로 만들면 3백만 원의 가치가 되고, 시계의 태엽을 만들면 3천만 원의 값이 나올 수도 있습니다. 만일 또 이 쇳덩어리를 불멸의 예술가가 제재로 사용하여 생명을 불어넣는다면 무한대의 값을 지닐 것입니다."

　　이 말을 듣고 문득 이렇게 생각하였다.
　　인간은 수난이 크면 클수록 정신이 강해진다. 살아 있는 인간의 손가락, 발가락을 떼어주면 1억 원을 주겠다면 실제 돈이 급한 사람은 그렇게 하는 경우도 있을 것이다. 사람의 장기를 팔면 불법이지만 사람을 납치해서 장기밀매하는 나라도 여전히 존재한다.

사람의 각막이나 수정체는 죽어서 가져가라면 그 가치는 제로이나 살아 있을 때라면 값으로 환산하기 쉽지 않다. 왜일까? 신체와 연결된 영혼, 그리고 그 사람이 살아오면서 쌓아온 지식과 지혜가 신체에 연결되어 있기 때문이다.

인간을 생긴 그대로 기계화한다면 아무리 잘생기고 이쁘고 훌륭한 인간이라도 그저 모두가 똑같은 쇳덩어리에 지나지 않을 것이다.

인간이 살아오면서 연마하고 수련하고, 지식과 지혜를 쌓고 덕망 있는 사람이 되어야 한다. 쇠로 치면 연마와 담금질이다.

26

부자(富者)와
가난(家難)한 사람들

가장 가난한 부모는 돈이 없는 부모가 아니라 물려줄 정신세계가 없는 부모이다. 부자가 되는 고수의 생각법이 가장 큰 유산이다. 부자들은 명품으로 치장한다 생각하겠지만 스스로 명품을 구입하기보다는 명품을 선물받는다. 스스로 드러내지 않아도 명품의 인생을 살기 때문이다.

부자들의 위기는 기회를 동반한다. 위기는 산불과 흡사하다. 산불 자체는 위험하지만 오래된 나무를 일거에 없애고 새로운 숲이 조성되는 놀라운 기회를 제공한다. 산불을 좋아하거나 일어나는 것을 바라는 사람은 없다. 그래도 산불은 세상을 위해 숲을 재생하게 한다. 짐 로저스는 "최악의 산불이라 하더라도 위기(危機)에는 위협뿐만 아니라, 더

불어 따라오는 새로운 기회가 생긴다."고 말하였다.

가난한 사람들은 부단히 돈을 모아 명품을 구입하고 자랑하려고 한다. 하지만 명품을 걸쳤다고 부러워하는 사람은 많지 않다. 가난한 사람들은 스스로 그렇게 살면서 만족하고 살아간다.

수많은 사람들이 명품을 사려고 부단히 아끼고 절약하여 1년 혹은 3년 동안 모은 자산으로 명품브랜드를 구입한다.

명품도 좋다. 자신에게 주는 특별한 상일 수도 있다. 하지만 자신의 인생 자체가 귀하고 값어치 있는 명품과 같은 삶이 되기 위해서는 옷이나 가방, 신발로 치장하는 것이 전부가 아니다. 자신의 삶을 명품으로 만드는 사람이 결국에는 마음도 몸도 명품이 될 수 있다.

명품을 부러워하는 인생을 살기보다는 내 삶 자체를 명품이 되게 노력하자. 그 알갱이는 결국 '삶의 가치'이다.

삶의 가치는 지혜가 있는 사람들이 지향하는 삶이다.

나이가 들어갈수록 문득 춥고 가난했던 어린 날의 추억들이 영화 필름처럼 뇌리를 스쳐 지나간다. 칼 융의 인간행동학에 의하면 살아온 흔적에 의해 그 사람의 운명이 좌우된다는 말이 오늘 새삼 떠오르는 이유는 무엇일까?

"내가 사랑하고 사랑할 수 있는 지구는 오로지 내가 떠나온 지구, 배은망덕한 내가 심장에 총을 쏘아 생명을 끊을 때 튄 핏자국이 남아 있는 지구뿐이야. 난 그 지구에 대한 사랑을 결코 멈춘 적이 없다."

"중요한 건 자신을 사랑하듯이 남들도 사랑하는 것이다. 그런데 그게 그렇게도 어렵단 말인가!"

— 자신에게 마음의 상처를 입힌 이를 용서하기보다는 복수하는
  데 익숙한 현대인들에게 던지는 도스토옙스키의 『우스운 자의
  꿈』 중

가난을 화두로 인간세계의 모순을 파헤친 러시아 대문호 도스토옙스키는 가난한 사람을 위해 살고 가난한 사람을 선택한 문학계의 예수로 모순덩어리 인간세계를 가장 적나라하게 파헤친 인물이다. 도스토옙스키의 문학에서 가장 중요한 테마는 가난이었다.

푸시킨, 투르게네프, 톨스토이 등 19세기 러시아 작가들은 대부분 부유한 귀족 출신이거나 사회적으로 성공한 계층이었으나 도스토옙스키는 평생 풍족한 생활을 누려보지

못했다. 본격적으로 작품 활동을 시작한 이후에도 항상 빚에 쪼들려 채 퇴고도 하지 못한 원고를 헐값에 넘겼다. 모든 빚은 죽기 1년 전에야 겨우 청산할 수 있었다.

이런 삶의 기억들은 그의 삶과 문학을 이해하는 데 중요한 출발점이다.

도스토옙스키가 살았던 19세기 중후반, 러시아 사회는 빈부격차에 신음했다. 짧은 기간에 도시 빈민들이 빠른 속도로 팽창했고, 그들은 마땅히 먹고살 것이 없었다. 그런 러시아인들은 『죄와 벌』 등에서 실제에 가깝게 묘사됐다.

도스토옙스키는 좋게 말하면 자기 색깔이 뚜렷하고, 나쁘게 말하면 꾸준히 사회의 어두운 면을 파헤친다. 그가 세계 문학에 끼친 영향은 대단하다. 끊임없는 고통으로 자살하기를 종용하는 사회라 할지라도, 그가 사랑하는 것은 고통으로 가득한 지구였다.

도스토옙스키는 알고 있었다. 전 인류적 구원이 이루어지는 유토피아가 실현될지는 확신할 수 없다, 설령 그것이 실현된다 할지라도 금세 허물어질 수 있는 허약한 것이다. '우스운 자', 인간이 살아가는 이 세상은 끊임없이 고통스럽고, '불행하고 가엾은 지구'다.

예리하게 사회와 인간의 고통에 대해 고민하면서 신이

만든 세상을 사랑하기 위해 노력한 작가인 그는 막연한 유토피아의 모습을 그리는 것이 아니다. 지금 고통의 이 땅에 살고 있는 존재들 위에 인간 본성의 선에 근거한 '지상의 유토피아'를 세우기를 꿈꿨다.

그러나 그가 살던 세상에서는 이 소박한 꿈조차 너무나도 먼 것처럼 느껴졌다. 그는 『가난한 사람들』이란 작품으로 궁색한 삶 속에서도 문학에만 정진하던 20대 무명작가에서 당시 최고 작가로 불리던 '제2의 고골'이란 평을 받으며 러시아문학의 무서운 신인으로 떠올랐다. 그의 이 소설은 "가난한 사람들의 사랑과 고통, 파멸을 통해 사회적인 불평등과 갖가지 사회악적 요소들을 드러낸 걸작"이다.

실제로 주인공 마카르와 바르바라의 경제적 빈곤, 사람들의 조롱과 따가운 시선 아래 절박하게 살아가는 그들의 삶이 녹아 있다. 두 주인공 외에도 이 작품에는 가난하고 가련한 사람이 여럿 등장한다.

필자가 생각하는 진정으로 가난한 사람들은 가난 속 환경의 어두운 내면만 바라보고 나이에 상관없이 행복을 찾지 못하는 이들이다. 나이가 들면 많은 돈이 필요하지 않다. 그러나 가난한 노년은 불안하기만 하다. 나이 많은 노

인이 사라지는 것은 도서관 하나가 불타버리는 것과 같다
는 속담처럼 어르신을 공경하고 모시는 사람은 행복한 사
람이고 부유한 사람이다.

사람에게는 5가지 나이가 있다고 한다.

첫째, 時間(시간)과 함께 먹는 歲月(세월)의 나이

둘째, 健康(건강) 수준을 재는 生物學的(생물학적) 나이(身體(신체))

셋째, 각 소속된 集團(집단)에서 地位(지위), 서열의 社會的(사회적)
　　　나이

넷째, 나이에 상관없는 精神的(정신적) 나이

다섯째, 智力(지력)을 재는 智性(지성)의 나이

요즘 인생의 길목에서 누구나 맞닥뜨리는 질문에 대한
다정한 대답 『김형석의 인생 문답』이란 책을 발간(2022.2.3.)
하신 영원한 현역 김형석(1920년 7월 6일생)교수님의 철학적
강의가 화두이다. 100여 명으로부터 질문을 받아 사람들이
궁금해하는 공통점을 추려 기록한 책이다. 교수님께서는
60세가 되었을 때 인생을 다했구나 싶었는데, 70세가 되고
보니 60세 때가 청년이었음을 깨달았고, 70이 되어 이제야

삶을 다했구나 싶었을 때도 오히려 세상을 보는 넓은 안목이 생겼다고 말한다. 인생의 마지막 사막을 가고 있구나 싶은 80세가 되어보니 주변의 친구들이 하나둘 떠나, 이제 나도 삶을 마감할 준비를 해야겠구나 싶었는데, 교육자로서 마지막 역할을 하고 싶어서 철학자의 명강의를 EBS에서 진행하게 되었다. 그리고 90세가 되어보니 세상을 보는 혜안이 한층 발전하여 새로운 작품활동을 하게 되었고, 그 이야기가 세상에 알려지고 100세가 되어 뒤돌아보니 "100년쯤 살아 봐야 인생이 어떻노라 말할 수 있겠지요"라며 100세가 넘어서도 여전히 활동적이시다.

『백년을 살아보니』 책에서는 스무 살에 몰랐던 것을 서른이 넘으면 알게 될 때가 있다고 하신다. 마흔을 넘기면 인생이 또 달리 보인다. 만약 백년을 산다면 인생은 또 우리에게 어떤 무늬로 그려질까? 그 지혜를 미리 안다면 우리 삶이 조금 더 향기로워지지 않을까?

"나이 값 한다."는 것이 결국은 사람 값 한다는 건데 "나는 과연 내 나이에 걸맞게 살아가고 있을까?"

인생을 돌이켜 깨달은 삶의 지혜를 100세 시대를 맞아 불안하고 허둥대는 인생 후배들에게 다정하고 나지막한 목소리로 전하신다. 사랑 있는 고생이 최고의 행복이었다고 그것을 깨닫는 데 90년이 넘게 걸렸다고 하신다.

"시간과 함께 흘러가 버리는 달력의 나이를 먹은 것이 아닌지?"

이 질문에 다시 한번 스스로 대답해 보아야겠다.

행복하기 위해서 완벽해질 필요는 없다. 행복하다는 것의 의미는 역경에도 불구하고 인생이 살 만한 가치가 있다는 것을 아는 것이다.

21세기
富의 인문학(人文學)
특강

21세기
부(富)의 인문학(人文學)

    부자가 되는 것보다 중요한 것은 바로 살아남는 방법을 찾아 도태되지 않는 일이다. 인문학의 목표는 더 많은 사람들의 인간다운 삶에 기여하는 것이다.

    富의 인문학 또한 그렇다. 수많은 기업체들의 CEO 자영업자들의 터전이 한순간에 사라지고 있다. 원인은 당사자들이 알고 있을 것이다. 날고 있는 새는 걱정할 틈이 없다.

    필자는 사업에 실패했거나 직장에서 성공하지 않은 사람의 명함이나 흔적을 지갑에 담고 다니지 않았다.

    부자가 되어 성공하기를 간절히 원했기 때문이다. 전 세계 부호들과 큰 부자가 된 수많은 성공한 기업가의 위인전과 책을 읽고 강의를 들어보았으나 원하는 목표점에 도달할 수 없었다.

    "가난하긴 쉬워도 부유하긴 어렵다." 중국 송나라 대시인 소동파(1036~1101)의 말처럼 "큰 부자는 하늘이 내려 준다."

는 말이 실감난다.

　필자는 초등학교, 중학교, 고등학교 12년 개근상을 받았다. 근면하게 살 자신은 있었다. 만 50세가 될 때까지 열심히 성실히 노력하고 근면하게 시간을 보내면 성공할 줄 알았다. 하지만 만 50세까지는 부자가 될 수 없었다. 그러나 지금은 스스로 부자가 되는 방법을 찾아 시간적·경제적 자유인이 되었다.

　봄을 이기는 겨울은 없다. 이 진리를 기억하며 글을 이어간다.

27

작은 재산은 근면에서 의하지만 큰 재산은 운명에 의해 좌우된다
- 大富由命(대부유명) 小富由勤(소부유근)

大富由命(대부유명) 小富由勤(소부유근). 명(命)은 천명 혹은 운명(運命)을 의미하며 근(勤)은 근면을 뜻한다. 즉 "작은 재산은 근면에 의해 얻지만 큰 재산은 운명에 의해 좌우된다."는 뜻이다.

『명심보감』〈성심편상(省心編上)〉에도 '소부재근 대부재천(小富在勤 大富在天)'이라는 말이 있다. 작은 부자는 근면에 달려 있지만 큰 부자는 하늘에 달려 있다는 의미다.

그러나 한편으로는 인간의 노력도 무시할 수가 없다. 그래서 넓게는 '명'의 존재를 용인하면서도 그 범위 안에서 근면의 필요성을 강조하는 것이 속담의 취지라고 보아야 할 것 같다.

입지사의성(立志事意成). 일에 뜻을 세우면 마침내 이루어진
다. 나무를 심을 때에는 마치 자식을 기르듯이 조심조심해
야 하지만 한번 심어 두면 마치 버린 것처럼 그대로 두어야
한다. 이것이 나무를 키우는 비결이다.

小船難堪重裁(소선난감중재) 深逕不宜獨行(심경불의독행).

작은 배는 무거운 짐을 감당할 수 없고, 으슥한 길을 혼자 다님은
마땅치 않다.

貧居鬧市無相識(빈거요시무상식) 富住深山有遠親(부주심산유원친).

가난하면 시끄러운 시장에서도 아는 사람이 없고, 부유하면 깊은
산에 살아도 멀리서 찾아오는 친구가 있다.

天不生無祿之人(천불생무록지인) 地不長無名之草(지불장무명지초).

하늘은 먹을 것이 없는 사람을 내지 않고, 땅은 이름 없는 풀을 키
우지 않는다. 즉 노력하면 굶어 죽지는 않는다.

蘇東坡 曰 (소동파 왈) 無故而得千金(무고이득천금)이면 不有大福 必
有大禍 (불유대복 필유대화)니라.

소동파가 말하였다. "까닭 없이 천금을 얻는 것은 큰 복이 아니라, 반드시 큰 재앙이 있는 것이니라." 즉, 수고하지 않고 횡재하는 것은 복이 아니라 불행의 씨앗이라는 것이다. 노력하지 않고 부를 축적한 다면 오히려 재앙이 될 수 있다는 표현일 것 같다.

大廈千間(대하천간) 夜臥八尺(야와팔척), 良田萬頃(양전만경) 日食二升(일식이승).

큰 집이 천 칸이나 되어도 밤에 여덟 자에 눕고, 좋은 밭이 만 이랑이라고 하여도 하루 두 되를 먹는다.

작은 부자는 노력으로 가능하지만 큰 부자는 하늘이 내려준다. 인간의 의지는 운명보다 강하기에 의지가 강한 사람은 운명을 거스를 수 있다.

28

부(富)와
정보 격차(Digital Divide)

필자가 어린 시절 5일장이 있었다. 지금도 강원도 정선이나 강경에는 5일장이 선다. 이때 집에서 암탉이 낳은 달걀을 시장에 내다 놓고 원하는 물건과 물물교환하던 시절이 있었다. 그 시절 물물교환에 기술, 정보, 투명성을 더해서 오늘날 블록체인 기반이 되고 새로운 경제 이코노미가 되었다. 새로운 시대! 새로운 화폐! 블록체인은 플랫폼 안에서 국경을 초월한 새 경제공동체로 확장하고 있다.

언택트와 초고령화로 정보 격차가 가속화되고 있다. 앞으로 없어질 직업들은 많다. 대표적인 직업이 은행원이다. 사람대신 ATM 기계를 확충하고 있다. 은행 방문 연령대가 60대 후반이다. 기술 활용의 능력 차이로 정보 격차가 발생하면서 경제적 사회적 여건도 달라지고 있다.

부자들이 사용하는 시간과 가난한 사람들이 사용하는 시간, 일하는 공간에서 빈부의 격차가 더 벌어지는 세상이 되었다.

정보 격차(Digital Divide). 정보 격차란 계층 간, 지역 간(도시와 비도시), 성별 간, 국가 간(선진국과 중진국, 후진국, 개발도상국) 지식과 정보에 대한 접근이 불평등하게 이루어짐에 따라 격차가 벌어지는 것을 말한다. 변화의 다양성이 급속도로 이루어져 상류층과 하류층의 소득 차가 점점 벌어져 부빈(富貧) 현상이 날로 더 심화되어 富(부)가 富(부)를 키우고 가난한 사람은 더욱더(益) 가난(貧)한 시대가 되었다.

가난한 부모의 자녀가 부족한 생활비와 교육비를 벌기 위해 아르바이트를 지속할수록 편의점 건물주와 운영자는 더 부자가 되고, 시간과 노동을 맞바꾸는 삶을 지속하는 아르바이트생 역시 시간이 흐를수록 가난을 대물림한다.

국가는 세금으로 소득의 양극화를 개선하고, 富의 편중을 막는 복지 정책을 실현하고 있어 많이 개선이 되었다. 하지만 대기업에만 일자리가 몰려 중소기업은 사업과 매출액이 더 악화되고 중소기업에서 근무하는 근로자들의 일자리가 없어져 결국 야심찬 정부 정책은 원래 취지와 반대되는 양상을 많이 초래하고 있다.

'2050 미래 사회 보고서'에 의하면 우리가 그리는 미래 모습에는 유토피아와 디스토피아가 공존한다고 한다. 허나 2030년까지 일자리 20억 개가 소멸되고 현존하는 일자리의 80%가 사라진다는 내용은 실로 충격이 아닐 수 없다. 전문가들은 디지털 디바이드를 극복하지 못하면 사회 안정에 해가 될 수 있다고 주장한다.

자본주의 삶 속에 숨겨진 돈의 비밀, 부(富)가 어떻게 만들어지고 축적되는지 문제를 해결하기 위해 필자는 그 훌륭한 도구를 찾고 또 찾았다. 자본가는 왜 부자가 되고 노동자들은 왜 가난에서 벗어날 수 없는 것일까?

주 4일제가 거론되고 있다. AI(인공로봇)가 사람 대신 일하고 어렵고 힘든 일들은 모두 외국인이 하기 때문에 생활은 더 나아지지 않는 결과가 되고 있다. 왜냐하면 대부분의 일자리를 빼앗기기 때문에 부익부빈익빈 차가 더 커질 수밖에 없기 때문이다. 부익부빈익빈은 '마태 효과(Matthew Effect)'라는 말처럼 자본주의 사회에서 부가 한곳으로 집중

하는 현상을 말한다.

사람들은 메마른 정서를 달래주려고 수많은 인문학을 공유하며 살아간다. 그곳에서 삶의 지혜를 얻기 때문이다. 명(命)이란 하늘의 의지이며 인간의 힘으로는 어쩔 수 없다. 대개의 경우 이 '명(命)'이 의식되는 것은 빈곤, 불행, 요절 등의 역경에 빠졌을 때다. 사람들은 마음의 불안을 회복시키는 역할을 '명'에서 찾았고 처한 입장 그 자체도 '명(命)'이라 생각했다. 예컨대 인간의 수명, 빈부, 화복 등은 모두 태어나기 전부터 정해져 있으며 변경 불가능한 것으로 생각해 왔다.

부자들의 인생철학을 엿보면 우리는 누군가에게 무엇인가를 팔고 있기 때문에 사람을 귀하게 생각하라고 한다.

정보격차(지식, 교육, 플랫폼 등)에 의해서 역사상 유래 없는 富의 불평등 현상이 발생하고 있다. 이 격차는 과거와 전혀 다른 양상으로 전개되고 미래의 富는 노동의 종말과 수많은 신흥 富者, 그리고 새로운 권력의 탄생을 예고한다. 이 격차는 20:80에서 더 나아가 5%의 소수가 95%의 권력과 부를 소유하는 불평등 시대를 도래하게 할 것이다. 부의 이동, 권력의 이동에 블록체인, 암호화폐가 새로운 '富의 열쇠'를 제공할 것이다.

인공지능과 IoT(사물인터넷) 기반(자가용비행기, 드론의 무기화 등)의 미래사회를 예고하며 우리가 상상하지 못한 국경을 초월한 이상적이고도 새로운 부의 경제가 활짝 열리고 있다.

시대별 부의 흐름의 주인공이 바뀌고 있다. 지금 당신은 무엇을 준비하고 있는가?

29

부(富)의 원천이 되는
이재술(理財術) 뇌세포

부자가 되고 성공하는 사람들의 뇌는 다르다고 생각하는가?

결론은 YES – 그렇다. "부자들은 이마 바로 뒤의 뇌 부위인 전전두엽을 효율적으로 사용한다."라고 뇌과학자인 미국 듀크대학의 스콧 휴텔 박사가 말했다. 그는 부자의 뇌와 일반인의 뇌 사용구조가 다르다는 사실을 밝혔다.

필자는 "부자들의 뇌구조는 다른가?"에 의문이 많았다. 돈 잘 버는 뇌가 따로 있다고? 주간동아·한국뇌학회 공동기획 551호에 소개되었던 '돈 잘 버는 뇌, 부자 되는 뇌 구조 따로 있다'의 내용을 일부 발췌해 보았다.

뇌를 훈련하면 모두 부자가 될 수 있을까? 답은 '아니오'다. 그럼 부자가 될 수 있는 뇌를 훈련을 통해 만들 수 있는

가? 답은 '그렇다'다. 엄밀히 말하면 부자가 되는 사고방식을 관장하는 뇌 영역을 훈련함으로써 우리는 부자가 될 수 있도록 하는 원인, 즉 규칙을 찾아내는 능력인 패턴화 사고법을 강화시키고, 긍정적인 습관을 생활화하는 자동사고 연습, 행동력을 강화해 주는 자기감정 조절능력 등을 가질 수 있게 되는 것이다. 연구결과 부자들은 이 부분을 매우 집중적이고 효율적으로 사용하고 있었다. 배외 측 전전두엽은 '부자 뇌'의 비밀인 패턴화라는 중요한 기능을 수행하고 있었다는 사실이다.

부자들은 일반인이 상상할 수 있는 그 이상의 능력을 발휘하기 위해 뇌의 능력을 극대화한다. 사람들 사이 분명히 뇌의 능력에 차이가 존재하고, 그 차이를 좁히기 위해 노력한다면 그에 걸맞은 결과가 나타날 수 있지 않을까? 공부를 잘하는 사람을 보면 우리는 이렇게 말한다. "저 친구는 머리가 워낙 좋다"고. 그럼 공부엔 별 관심이 없어 보이는데 부자가 된 사람들은 무슨 이야기를 들을까. 공부 열심히 하라고 자식들에게 잔소리하는 사람들도 공부가 성공에 도움을 주지만 그게 돈 잘 버는 수완과는 좀 다르다는 사실을 안다. 부자들의 뇌도 공부를 잘하는 사람의 뇌처럼 보통 사람과 다른 부분이 있을까?

여기서 말하고자 하는 것은 바로 부자가 되기 위해 필요한 뇌의 활동에 대한 진단과 그 활동을 활성화하기 위한 훈련법이다. 이것은 노력으로 부자가 되길 원하는 사람들에겐 필수적인 일이다. 부자가 될 수 없는 사고방식을 가지고 부자가 되는 건 운이다. 그 운이 얼마나 유지될 수 있느냐 하는 것 역시 운이다. 우리는 우연히 집에 가는 길에 로또복권을 샀더니 당첨된 사람들의 뇌가 아닌, 스스로 결정해서 노력 끝에 부자가 된 사람들의 사고 유형, 즉 뇌에 관해 말하고자 하는 것이다. 이제 꾸준한 연습과 훈련으로 부자 뇌를 만들 수 있는 방법을 소개해 보자.

최근 식물인간 상태에서 19년 만에 의식을 되찾은 42세 남자에 대한 보도가 있었다. 이 환자는 부상 전의 생활을 또렷이 기억했고, 언어능력이 좋아지고 있으며 1부터 25까지 숫자를 쉬지 않고 셀 수 있을 정도로 회복됐다고 한다.

사고로 인해 끊어졌던 뇌신경이 조금씩 자라 이어진 덕분에 깨어나게 됐다는 연구결과가 곁들여졌다. 이렇게 손상된 뇌신경계가 재생을 통해 회복되는 경우는 드물지만, 신경세포가 한번 죽으면 절대로 재생되지 않는다는 과거의 의학 상식을 뒤집어엎는 사건임이 분명하다.

유감스럽게도 나이를 먹을수록 뇌세포는 줄어든다. 뇌의 무게는 20대 후반에서 30세 전후에 가장 무겁고, 그 후 서서히 줄어들다가 50세 이후엔 10년마다 2%씩 감소한다.

뇌의 무게가 감소한다는 것은 곧 신경세포의 수가 줄어들어 뇌의 기능이 저하한다는 의미다. 특히 뇌가 위축되면 부자 뇌의 핵심인 배외측 전전두엽과 기억에 관여하는 해마, 측두엽의 기능이 가장 많은 영향을 받는다. 뇌를 쉬게 해서는 안 된다. 적절한 자극이 없으면 뇌세포의 사멸 속도가 더 빨라지기 때문이다.

일본 도호쿠 대학 가와시마 류타 교수는 간단한 셈을 매일 3분씩 두 달 정도만 훈련해도 기억력과 언어능력이 20~30% 향상된다는 놀라운 연구 결과를 보고했다. 누구라도 두 달 동안 '3+5' '4×5' 식의 문제를 빨리 푸는 훈련만 해도 충분히 뇌의 기능을 높일 수 있다는 말이다. 그러므로 나이가 많다거나 남들보다 뇌의 기능이 떨어진다고 해서 실망할 필요는 없다. 쉬지 않고 다방면으로 뇌에 새로운 자극을 주면 누구나 뇌의 능력을 키울 수 있다. 적절한 운동이 건강한 신체를 유지해주듯 뇌를 돌보는 이러한 훈련은 극도의 스트레스로 뇌의 피로도가 가중될 수밖에 없는 현대사회에서 건강한 뇌를 지켜줄 수 있다. 비록 힘들고 지친 뇌가 눈에 보이지는 않지만 말이다.

인문학은 인간과 관련된 근원적인 문제나 사상, 문화 등을 중심적으로 연구하는 학문이다. 세상의 모든 진리는 질문에서 시작한다. 그 모든 질문이 있는 곳에서 어떤 이는 진리를 깨닫고 어떤 사람은 큰 부자가 되기도 한다.

사람의 깊이는 몸무게가 아니라 배움을 통해 확장된다. 새로운 장벽을 넘나들다 보면 부유한 사람이 다가오고 그들의 정보를 통해 부자가 될 수도 있을 것이다. 故이병철 회장님의 이재술(理財術)로 부자가 되기 위한 뇌세포를 배워

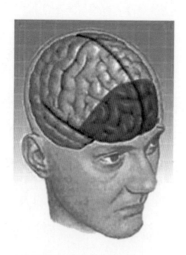

부자들은 이마 바로 뒤의 뇌 부위인 전전두엽을 효율적으로 사용한다.

〈돈 잘 버는 뇌, 따로 있다. 주간동아 · 한국뇌학회공동기획 551호中〉

보자. 三星그룹의 故이병철 회장의 젊은 시절 일화(逸話)다. 일본에서 대학을 다니다가 중도에 그만두고 자신의 고향인 경남 의령에서 농사를 지을 때의 이야기다.

이분은 일찍부터 이재술(理財術)이 뛰어났던지 논(畓)에서 돈 버는 방법을 연구해 냈다. 당시 논 1마지기(200평)에서 농사가 잘되어야 쌀 2가마니가 생산되던 시절이었다.

이병철 회장은 시험 삼아 논 1마지기에는 벼를 심고 그 옆에 있는 또 다른 1마지기에는 미꾸라지 새끼 1,000마리를 사다가 봄부터 길렀다. 수확철인 가을까지 양쪽 모두 똑같은 비용을 투입하여 재배하고 길렀는데 벼를 심은 논에서는 역시 쌀 2가마니가 생산되었고 미꾸라지를 기른 논에서는 커다란 미꾸라지가 약 2,000마리로 늘어났다. 그것을 전부 잡아서 시장에 팔았더니 쌀 네 가마니 값을 받았다. 그 이듬해에 또 시험 양식(養殖)을 했다.

한쪽 논 200평에는 역시 어린 미꾸라지 1,000마리를 작년과 같이 길렀고 다른 논 200평에는 미꾸라지 1,000마리와 미꾸라지를 잡아먹고 사는 천적(天敵)인 '메기' 20마리를 같이 넣고 길러서 가을에 양쪽을 모두 수확하고 보니 처음 논에서는 2,000마리의 미꾸라지가 생산되었다.

메기와 미꾸라지를 같이 넣어 길렀던 다른 논 200평에서는 메기들이 열심히 미꾸라지를 잡아먹었는데도 4,000마리로 늘어났고 메기는 200마리로 늘어났다. 그래서 그걸 모두 팔았더니 쌀 8가마니에 해당되는 돈을 벌었다.

왜 그랬을까? 이 우주(宇宙) 생명계(生命界)는 어려움과 고통과 위험(危險)이 닥쳐오면 긴장하여 더 활발히 움직이고 생존본능(生存本能)이 강화되어 더 열심히 번식하고, 훨씬 더 강인(强靭)해지기 때문이다.

한 번쯤 들어봤을 미꾸라지. 논에서 쌀이 아니라 돈을 수확한 이재(理財)의 천재는 힘이 들수록 발전의 계기가 된다는 사실을 깨달아 지금의 삼성그룹을 탄생시킬 수 있었다.

30

신(神)의 재테크 GPL로
매일매일 돈 벌어 주는 남자

神의 재테크 GPL(아파트담보대출)로 매일매일 돈 벌어 주는 남자라는 애칭을 갖고 있다. 은행금리보다 10~15배 높은 고수익의 탐나는 재테크이다. 오늘 필자가 말하는 GPL투자로 이 글을 읽는 모든 독자분들은 현금흐름 충분하고 노후 걱정 없는 신흥 부자가 될 수 있으니 숨죽이며 이 글을 읽기를 소망한다.

필자는 3년 동안 〈마음수련〉을 했다. 마음수련을 하면 세상의 돈이나 권력, 명예를 멀리하고 오직 정신이 육체를 지배하게 된다.

"하늘이 낸 '큰 부자' 되는 법을 알려 드릴까요?" 우리 삶에는 돈보다 중요한 게 훨씬 많다든가, 하는 멋진 말은 많지만 그야말로 말일 뿐이지 어찌 돈에 매이지 않을 수 있겠는가?

부자들을 만나 이야기를 들어 보면 돈 없어도 보고 있어도 보고, 많이 벌어도 보고 잃어도 보았다고 한다. 그에게 돈은 곧 행불행(幸不幸)을 좌우하는 신 자체이기도 했다.

필자는 한참 일할 나이이지만 GPL(아파트담보대출) 투자로 시간적, 경제적 자유인이 되어 인생을 유람하고 있다.

〈GPL(아파트담보대출) 투자 물건 담보내역〉

(단위:천 원)

채무자	대출일 상환일	대출금 연22%	질권대출 연5.5%	현금 투자	물건지
김O주	20.6.29 21.6.29	580,000	522,000	58,000	인천연수구 송도종16-6더 샵엑스포 제902동230*호 아파트 126.47㎡
김O희	20.6.26. 21.6.26	160,000	134,000	26,000	안산시 단원구 선부동 1078,1201동10*호아파트 44.94㎡
전O애	20.6.19. 21.6.19	225,000		225,000	남양주시 호평동 724호평 파라곤 02동제4,5층 30* 아파트210.98㎡
유O환	20.8.19. 21.8.19	30,000		30,000	부산시 동래구 사직동 1078 사직쌍용예가 제104 동220*호 아파트 59.93㎡
소계	4건	995,000	656,000	339,000	

〈GPL투자 수익률분석〉

총대출금 995,000,000원, 연22%

질권대출 656,000,000원, 연5.5%(근저당권부질권대출—부기등기)

　　　즉, 995,000,000원 근저당권설정 담보OO신협에서 90% 질권대출

현금투자 339,000,000원,

GPL(아파트담보대출)은 아파트소유자(채무자) 담보를 근저당권 설정으로 자금을 융통해 준다.

대출금 수입이자 995,000,000×22% = 218,900,000원 (1)

대출금 지급이자 656,000,000×5.5% = 36,080,000원 (2)

순수입이자(1)-(2)=182,820,000원/229,000,000원=79.83%(수익률)

GPL투자 월이자 15,235,000원,

현금투자 339,000,000원 은행 맡기면 연1.5%일 때,

연이자 5,085,000원(세전), 월이자 423,750(세후)

　　GPL(아파트담보대출)은 은행이나 제2금융기관에서 채무자의 LTV, DTI, DSR, 신용등급과 소득 등을 살펴보며 대출해 주고 있다. 정부의 아파트 규제정책 일환으로 대출받기 쉽지 않은 틈새시장에 GPL투자 상품은 숨은 재테크로 필자가 계발한 재테크 상품이다. 투자 물건제공과 투자물건 분석, 그리고 물건 만드는 방법은 필자 아카데미에서 진행하고 있다.

　　필자도 지금 한창 열심히 일할 나이이다. 하지만 정년을 4년 앞두고 미리 조기 명예퇴직하여 제주도 한 달 살기를

하고 있다. 인천바다와 동해바다에 비하여 제주바다는 더 아름답고 느낌이 다르다. 봄, 여름, 가을, 겨울 계절마다 멋의 정취를 즐길 수 있는 천혜의 아름다운 자연과 풍경, 순간순간 맛과 멋을 즐기고 있다. 동, 서, 남, 북의 제주도 사면의 바다가 통창으로 보이고 다양한 이국적 풍경과 맑은 물과 공기가 좋아 무릉도원이 따로 없다. 이 아름다운 풍경과 감동의 순간들을 마음껏 누리고 즐기고 있다. 살인적인 모기떼들이 끝을 모르게 뻗어있던 마이애미 해변으로 향하던 숲들, 헤밍웨이가 사랑했고 글을 집필했던 미국 최남단 키웨스트 섬. 필자도 이 글을 쓰며 아름다웠던 하와이 섬들에서 보낸 펄펄 끓던 청춘을 지나, 제주에서 평화로움을 온몸으로 느끼고 온전히 삶을 향유하고 있다. 이것이 자유다 싶다.

필자도 그동안 열심히 살아왔다. 하지만 부자는 되지 못했다. 제대로 된 재테크 GPL 툴(Tool)을 만나 다행히도 돈으로부터 자유로워질 수 있었다. 돈 걱정 없고 미래 걱정 없는 '삶' 다행인지, 행운인지, 하늘이 도와서인지 고맙고 감사한 인생에 오늘도 묵상으로 기도해 본다.

오늘 밤 문득 하느님께서 "오늘 너의 목숨을 거둬가겠다"라고 부름이 있어도 걱정이 없다. 오랜 세월을 보내지 아니

[제7강] 21세기 富의 인문학(人文學) 특강

하였어도 이런 낙원에서 세월을 낚는 사람이 되어있기 때문이다.

"큰 부자는 하늘이 낸다"는 말도 이해할 수 있다. 돈에 집착하며 욕심을 채우려 할 때 돈은 더 멀어지고 또 다른 사건 사고를 몰고 온다. 마음을 비우고 자신에 처한 상황을 이해하고 현재의 삶에서 벗어날 그런 멘토를 찾아 삶을 진지하게 상담하고 그 상담에 마음이 가면 그대로 따라 하면 될 것이다. 필자는 그런 이상준 아카데미를 만들어 가고 싶다. 모든 수강생들이 필자처럼 시간적, 경제적 자유인이 되게 하는 것이 모토이다. 욕심으로 가득 찬 마음을 비울 때, 비로소 작은 부자이든, 큰 부자이든 부자가 될 마음 그릇이 완성된다 생각된다.

앞에서 말했듯이 코코 샤넬은 "스무 살의 얼굴은 자연의 선물이고, 쉰 살의 얼굴은 당신의 공적이다."라는 명언을 남겼다. 코코 샤넬처럼 누구나 유명해지고 부자가 되는 것은 아니지만 필자는 부자 되는 방법을 금융에서 찾았다. 그리고 수많은 신흥 부자를 탄생시키고 있으며 돈 때문에 자신과 자녀의 꿈을 포기하는 일이 없도록 노후에도 돈 걱정 없는 사회를 만들어 주고 있다.

금융(finance)이란, 이자를 받고 자금을 융통하여 주는 것을 말한다.

금융(金融, finance)은 금전을 융통하는 일, 즉 자금의 수요 공급에 관계되는 활동으로 수입을 얻는 방법이다.

필자는 30년 동안 금융기관에서 근무하며 자본주의의 위력을 실감했다. 그리고 수많은 고객을 만나 자산관리를 해 주며 이들은 어떻게 부자가 되었을까, 생각하며 서브 노트를 만들어 기록하고 정리하여 보았다.

자기자본이나 다른 사람의 돈을 빌려 정보를 입수하여 부자가 된 자수성가나 부를 대물림받아 생활하는 등 다양한 부자들이 있다.

실제 필자의 강의를 수강했던 서울대 출신 수강생(75년생)은 아파트를 30채 보유하고 있었다. 전북 익산에서 온 성균관대 법학과를 졸업한 80년생 수강생은 아파트를 100채 보유하고 있었다.

4년 전에 구입한 매수금액 5억에 매입한 길음동 아파트의 현재 시세가 15억이고 수원 영통에 5억 주고 매입한 아파트는 현 시세 13억이 되었다고 자랑을 했다.

아파트를 100채 구입하려면 자기자본이 많이 있어야 한다고 생각하겠지만 실제 투자된 자금은 2~5천만 원이다. 길음동 아파트는 4억8천만 원 전세가 있는 상태에서 매입했기 때문에 실투자금 2천만 원과 등기비용이 전부였다. 영통아파트 매입 당시 전세 4억5천만 원 있는 상태에서 갭투자로 매입하여 실투자금 5천만 원과 등기비용이 전부였다.

40대 초반과 중반인 이 두 수강생이 현재 보유한 재산을 환산해 보니 100억대와 300억대였다. 그러나 이들은 매월 납입이자가 월 2천5백만 원에서 3천만 원이었다. 그리고 재산세와 관리비 등 부담이 있어서 필요할 때마다 부동산을 1채씩 매매하여 생활하지만 1년이 지나면 사용 금액 이상으로 부동산 가격이 상승해 있었다.

필자를 무척이나 아끼고 좋아하는 서울 반포아파트에 거주하시는 고액 예금주는 2002년 반포주공아파트 24평형을 2억4천만 원을 주고 매입했다. 이 아파트가 재건축되어 48평형 아파트를 무상으로 받고 현금 1억을 받았다.

매입 당시 아파트는 주공아파트로 대지지분이 34평이었기 때문에 건설사에서 수지 분석으로 건물을 지어도 초과 이익이 충분하였기 때문이다. 이 아파트를 담보로 필자의 도움을 받아 고시원을 매입(고시원 담보대출 감정가 80%, 자기자본 20%)하여 수익률 37%~45%의 수익형 부동산에 투자하고 있다. 아파트의 시세를 확인해보니 40억 정도였다.

이분들은 이제 세금이 걱정이다. 세금을 적게 내고 자녀에게 증여하는 방법과 상속하는 방법을 찾아 강남구청 세무 강의에는 빠져 본 적이 없다고 한다. 그러나 일반인들이 돈 벌어 부자가 되기는 쉽지 않게 되었다.

필자는 이 해답을 금융에서 찾았다. 무점포 1인 은행을 설립하여 잠자는 동안에도 이자가 이자를 붙여 주말에도 돈이 들어오게 하는 금융시스템이다. 자금의 여유가 있는 부분에서 또는 기관예금이나 자산운용사의 예금을 차입하여 그 조달 자금으로 필요한 사람들에게 운용 자금으로 활용하여 이자 차익을 이전하는 금융시스템이다.

금융은 그 거래방식에 따라 직접 금융과 간접 금융으로 구분된다. 직접 금융이란 자금의 최종 차용자가 직접 자금의 최종 대여자에게 주식·채권, 유동화(근저당권부 채권담보-질권대출) 등으로 재공급하여 더 큰 이익을 얻을 수 있는 시스템이다.

필자도 어려서 너무도 가난한 집안에서 자란 터라 부자가 되기 위해 수많은 책을 읽고 유튜브로 부자들의 강연을 듣곤 했다. 그러나 필자가 직접 움직여 큰돈을 벌 수 있는 일(재테크 TOOL)은 많지 않았다. 자본금도 없던 필자는 생계형 경매에 입문하게 되었다.

당시에는 부동산 경락잔금대출 90%(담보인정비율-LTV)를 금융기관에서 잔금대출 가능하기 때문에 자기자본 10%와 등기비용만 있으면 생계형 경매투자가 가능했던 시절이다.

현재 정부는 부동산을 규제하기 위해 LTV(담보인정비율), DTI(총부채상환비율), RTI(Rent To Interest – 임대업이자상환비율)를 완화하지 않기 때문에 대출이 쉽지 않아 돈이 부족한 사람은 투자금(자기자본)이 많아야 한다.

LTV(Loan To Value ratio- 담보인정비율)을 정부가 통제하고 있다. LTV는 주택을 담보로 돈을 빌릴 때 인정되는 자산가치의 비율이다. 만약, 주택담보대출비율이 60%이고, 3억짜리 주택을 담보로 돈을 빌리고자 한다면 빌릴 수 있는 최대금액은 1억 8천만 원(3억×0.6)이 된다.

DTI(Debt To Income)는 총부채상환비율을 말한다. 즉, 총소득에서 부채의 연간 원리금 상환액이 차지하는 비율을 말한다. 금융기관이 대출자의 상환능력을 소득으로 따져서 대출 한도를 정하는 계산 비율이다. 대출 상환액이 소득의 일정 비율을 넘지 않도록 제한하는 규제다.

RTI(Rent To Interest-임대업이자상환비율)는 부동산 임대업 이자상환비율로서 담보 가치 외에 임대수익으로 어느 정도까지 이자 상환이 가능한지 산정하는 지표다. 산출 방식은 (상가가치×임대수익률)÷(대출금×이자율)이다.

DSR(debt service ratio-총부채원리금상환비율)이란?

대출을 받으려는 사람의 소득대비 전체 금융부채의 원리금상환액 비율을 말한다. 즉 총대출 상환액이 연간 소득액에서 차지하는 비중으로서 금융위원회가 가계 부채를 줄이기 위해 대출 상환능력을 심사하는 지표가 모두 적정해야 대출가능하기 때문에 경락대출이 쉽지 않아 자기자본이 많이 필요하다.

이런 내용으로『평범한 샐러리맨 투 잡 경매로 5년에 10

억 벌다』라는 책을 발간하게 되었다. 그리고 수많은 경매학원에서 강의 요청이 있었기에 필자는 강의가 적성에 잘 맞는다는 생각으로 지금까지 노후를 책임지는 부동산 투자법, NPL경매(新돈의보감, NPL 知테크: 아는 만큼 더(加) 번다), 神의 재테크 GPL실전투자법, 돈 되는 재개발 재건축 리모델링 투자법 등의 강의를 하며 수천 명의 제자와 인연을 맺었다. 이렇게 인연을 맺은 제자들과 『이상준 박사 NPL 투자연구소』의 이상준 아카데미(https://cafe.daum.net/happy-banker)에서 수많은 수강생들을 현금흐름이 충분한 노후 걱정 없는 신흥 부자로 탄생시키고 있다.

필자의 강의를 수강한 사람들(3천여 명)은 변호사, 의사, 한의사, 회계사, 세무사, 퇴직 지점장, 현직 지점장, 공무원, 대기업 임직원, 평범한 주부들이다. 제주도, 경남 진주, 부산, 전남 완도, 강원도, 익산, 경기도, 수도권 등 다양한 지역의 수강생들이 강의를 듣고 있다.

정규 강의를 마치고 필자는 매 기수 수강생에게 이런 문자를 보낸다.

"수강생 여러분, 그동안 수고 많으셨습니다. 이제 여러분의 이름을 떠올리면 얼굴이 생각납니다. 그동안 정도 들었는데 마지막 주 강의를 마치고 식사를 대접해야 했습니다. 코로나와 오미크론으로 사회적 거리 두기 캠페인에 동참하기 위해 같이 식사하지 못해 못내 아쉬웠습니다. 하지만 개별적으로 시간을 같이할 기회들이 있을 것이라는 생각이 듭니다.

수강생 여러분! 100미터 상공에서 안전장치 없이 용접 일을 하던 사람이 집에 도착할 즈음 트럭에 치어 죽었습니다. '원칙대로 해서 부자 된 사람이 있었을까요?'라고 생각하는 사람들이 있을 수 있습니다. 하지만 우리가 학습한 투자 방법으로 원칙대로 해서 가난으로부터 벗어날 수 있습니다. 비행기 타다 죽을 확률보다 말 타다 죽을 확률이 더 높다고 합니다.

돈은 인격체입니다. 돈을 귀하게 여기고 존중한다면 돈도 그 사람을 따라 움직입니다. 똑같은 1천만 원, 1억 원 등 액면이 같은 돈도 결코 같은 돈이 아니기 때문입니다. 돈은 벌게 된 방식에 따라 성격과 성향이 다르기 때문에 돈마다 품성이 다르다고 합니다. 고된 노동으로 일궈낸 종잣돈, 로또 당첨금, 카지노에서 딴 돈, 저축으로 이뤄낸 종잣돈, 돈의 주인은 벌어들인 돈의 성향에 따라 함부로 아무

곳에 사용하지 못하게 됩니다.

일 년에 수입이 5,000만 원인 사람이 있습니다. 매월 400만 원 버는 사람과 어떤 달은 1,000만 원 넘게 벌지만 어떤 달은 한 푼도 못 버는 사람의 현금 흐름이 다르기 때문입니다.

3분씩 숨을 몰아쉬기는 쉬워도 10분씩 몰아쉬기는 쉽지 않기 때문에 무리하지 마시고 각자 보폭에 맞는 투자하시기 바랍니다."

GPL로 큰돈을 벌기 위한 팁이다.

첫째, 내가 무점포 1인 은행이고 CEO, CFO다.

둘째, '내 돈은 종자가 좋은 씨앗이다.'라고 생각하라.

셋째, 좋은 물건, 고이율에 고수익이 가능한 물건이 나올 때까지 기다릴 줄 아는 투자자가 되자.

여러분, 자존감이 없는 사람은 많은 돈이 생겨도 제대로 사용할 줄 몰라 돈을 주로 쾌락에 사용합니다. 돈은 인성과 인품이 훌륭한 새신랑을 찾는 예쁜 여자와 같습니다. 모두 잠자는 동안에도 쉼 없이 돈이 나오는 투자처를 만드시길 기원드리며 건강과 행운이 가득하시길 기원드립니다.

필자의 재테크 강의는 다음검색〈이상준 박사NPL투자연구소〉에서 정보를 제공해 드리는 대한민국 상위 1%만 알고 투자하는 GPL(아파트담보 대출) 투자 클럽입니다. 제로 금리시대 수입은, 일정한데 각자 특별한 자산관리 없이는 가난도 대물림될 수 있습니다.

재테크는 수익률이 정답일까요? 수익률보다 더 먼저 생각해 보셔야 될 일은 무엇일까요?

제가 제공해 드리는 투자는

첫째, 안전성입니다. 소득이 있는 채무자에게 서울 수도권 300~500세대 이상 아파트는 담보대출 지원이 가능합니다. (약정금리+3%p제한)

둘째, 수익성(연20%~연24%-2021.7.7.이전, 연 20% 법정최고이자 - 2020.7.7이후, 현재 연15% 국회상정 中)으로 수익성이 최고입니다.

셋째, 환금성(유동성-자금회수)이 용이합니다. 근저당권 이전(부기등기)이 가능하기 때문입니다.

넷째, 시세차익(1순위 원리금 12개월이자+2순위 원리금 연24% 방어입찰)이 가능합니다.

다섯째, 선순위 법정대위변제 수익이 가능합니다. (후순위 대출시 선순위 경매 신청 피담보채권 확정되면(경매 기입등기) 법정 대위변제)

여섯째, 유동화(근저당권부질권대출) 순환투자로 연 수익률 60~80%가 가능합니다.

제목 – 참좋은 투자

안녕하세요.

저는 평생을 교육자로서 살아서 세상을 모릅니다 학교와 성당만 다니다 교장으로 퇴직했습니다. 교장으로 퇴직 시 사회적응교육을 받았는데 다른 길로 절대로 가지 말라고 퇴직교육을 받았습니다. 돈이 있어도 은행 외에는 절대로 투자하지 마라, 사기꾼들이 교육자라면 그건 내 밥이라고 한다고 합니다. 그래서 옆길을 보지 않았습니다. 학생들만 가르치다보니 마음도 어린 학생의 마음이고 세상도 모르고 살아왔으니까요. 그런데 몇몇 지인들이 이상준박사님 NPL(부실채권) 및 GPL(아파트담보대출)강의를 들어보라고 권해서 들어보고 투자했습니다.

교육자로서는 평생을 은행 정기예금밖에 모르고 살았는데

처음으로 이상준 박사님의 지도로 투자해서 매달 수익을 올려 줍니다.

이렇게 좋은 투자처가 있다는 것을 알려준 모선생님과 이상준 박사님께 진심으로 감사의 말씀을 드리며 저와 같이 교육에 몸담고 정년퇴직한 선생님들은 이곳에 투자하셔도 안전합니다. 저의 발걸음을 축복된 길로 인도해 주신 주님께 머리 숙여 진심으로 감사를 드립니다.

이상준 박사님 강의들어 보시고 투자하셔서 노후를 돈 걱정없이 사시기 바랍니다.

야베스 교장 올립니다.

[이상준 박사 정규 강의 후기]
– 강남복부인(실전투자반 15기)

저는 직장 다니며 실전투자반 5기 수강생입니다.

이상준 박사님의 강의를 듣고 이런것이 성공의 요인인가? 싶기도 했구요.

평일임에도 불구하고 휴가 쓰고 오신 직장인 수강생님들,

멀리 대구에서, 대전, 부산, 제주도, 전남완도에서, 세종에서 오신 회원님들을 위해 이상준 박사님은 쉬지 않으시고 저희들의 질문에 답해 주셨어요. 너무 힘드셨을거 같아요. 체력이 정말 대단하세요~

물건을 보는 안목과 처리하는 과정에서의 아이디어들, 공법을 자유 자재로 다루시는 능수 능란함, 사람을 다루실 때는 확실한 인센티브, 또는 인간적인 배려들, 힘든 사람들은 도와주시는 베푸시고 봉사하시는 마음과 인생의 지혜와 어디에서도 당당한 자신감이 흘러 넘치는 분이셨습니다.

이상준 박사님과의 인연을 지속적으로 소중히 하고 싶습니다. 박사님께서 서로 부족한 부분을 채워주시며 응원해 주시는 모습도 저희에게는 살아 있는 교육이었습니다.

감사함을 이루 말로 다 할 수가 없으며 배운 대로 더 알찬 투자로 기회 닿는 대로 진심으로 은혜를 갚아 나가겠습니다.

저는 박사님께서 연결해 준 김포분양권에 투자하여 수억 원의 이익을 얻었으며 GPL투자로 매월 5백만 원 이상의 이자 받으며 돈 걱정 없는 삶을 살고 있습니다.

함께 해주신 수강생분들께 감사드립니다.

[이상준박사 강의후기]

– 해피(실전투자반 15기)

저는 ○○기관에 근무하고 있으며 이상준박사님의 책을 통해 이번 강의를 수강하게 되었습니다.

박사님께서는 평소에 늘 수업 종료 후 매 기수마다 비싼 고기와 저녁과 사주시고 술도 사주시며 은덕을 쌓고 살아오시며 만나 뵐 때마다 베푸시는 마음에 감동이었습니다.

누군가에게 베푸시며 이런것이 다 덕 쌓는 거예요. 하셨는데. 박사님 그간 쌓으신 덕이 이렇게 다시 모여드나 봅니다.

수업을 들으며 수업 내용 자체도 훌륭했지만 박사님의 마음씀과 인격에 더 매력을 느꼈던 거 같습니다. ^^

비록 생신 당일은 아니었지만, 많은 분들과 함께 박사님 생신을 축하드리게 되어 기뻤습니다.

오래오래 건강하세요~

(더운 날씨.. 멀리 대전에서부터 예쁜 케익 들고 와 주신 수미언니, 이런 이벤트 기획. 준비해 주신 도희언니, 은영언니 감사합니다. ^^)

친구의 소개로 부동산에 대해 전혀 모르는 제가 들은 수업입니다.

대출이라는 것도 받아본 적이 없고, 부동산 투자를 한 번도 해보지 못한 제가 신뢰하는 대학 친구의 추천으로 수업을 듣게 되었습니다.

이상준 박사님의 책을 먼저 읽어 보라는 친구의 말을 듣고 책을 1월 말에 샀지만 뭔 말인지 도통 알아들을 수가 없어서 1페이지도 제대로 이해하지 못했습니다. 그 정도로 저에게는 부동산에 대한 용어 하나 하나가 어려웠습니다.

하지만 첫 강의를 듣고 난 후, 아, 친구가 강의를 들으라는 말을 이해했습니다. 강의료가 사실 아깝지 않았습니다. 망설였던 저에게 90만 원의 강의료가 생각나지 않는 유익한 4주였습니다.

지금 도서관에서 4주간의 자료를 보면서 복습을 하고 있습니다. 점점 부동산 용어를 하나씩 익히고, 실제 투자를 한 것을 되짚으면서 이해를 하니 지금까지 들었던 수업이 아주 조금씩 이해가 되고 있습니다.

실전 투자의 중요성을 느끼고 있습니다.

이상준 박사님의 4주 강의는 실전에서 몸소 체험하신 내용은 저의 부동산 첫 시작에 정말 밑거름이 될 것입니다.

신년을 새롭게 시작하는 새해에 좋은 스승을 만났습니다.

이상준 박사님 진심으로 감사합니다.

필자가 지금까지 다양한 재테크를 하고 있지만 1석 6조 투자가 가능한 대한민국에 존재하는 최고의 재테크라 확신합니다.

필자가 이미 부자가 되었던 고수익 방법은 이론, 실무, 실전을 모두 갖춘 최고의 재테크 방법입니다. 수강생들이 검증하고 입증한, 누구나 쉽게 할 수 있는 재테크입니다.

필자는 이제 시간적. 경제적 자유인이 되어 은행 생활 31년을 명예퇴직하고 『반지하에서 연봉 10억 원으로 은퇴하는 샐러리맨의 성공신화』라는 책을 집필하여 제주도에서 원고를 넘겼습니다.

　의학 및 과학의 눈부신 발달로 21세기 한국은 슈퍼리치들이 지배하고 있습니다. 부자가 되려면 부자를 만나거나 부자의 시스템(System)을 가져야 합니다. 부자처럼 살아가길 꿈꾸면서 실제 행동도 그렇게 하고 있는지요? 부자가 되려면 부자가 되려고 노력해야 하고 새로운 정보를 얻어야 합니다. 그런데 당구장, 커피숍, 술집 등 지금 내가 어디에 있는지 생각해 보아야 합니다.

　이게 무슨 허무맹랑한 소리일까? 생각하실지 모르겠지만 부자들은 부를 축적하는 정보를 만나면 시간을 두고 인적 네트워크를 활용하여 실현 가능한지 확인 또 확인한다는 것입니다. 그리고 자신의 주변 인맥과 현재 가진 자본력으로 달성할 수 있는지 검증하고 또 검증하면서 실행에 옮기고 있습니다. 그 이유는 실패와 손실, 리스크(Risk, 위험)를 줄이기 위해서입니다.

　자신이 부자가 되는 일은 머리가 좋거나 능력이 있어서라고 착각하면 안 됩니다. 모든 일들은 항상 순리대로 돌아가지 않기 때문입니다. 일과 사람 그리고 세상에서 가장 소중한 일이 무엇인지 혼동하지 말아야 부자가 될 수 있습니다.

　돈의 속성은 무엇일까요?

　백과사전 목록에서 "돈으로 구입하지 못하는 것이 없다."
하지만 "돈과 여자의 공통점은 잡으려고 하면 도망간다."는
것입니다.

　돈이 오는 골목을 지켜 낚아채는 방법이 최고입니다.

　우리 아이들에게는 얼마든지 훌륭한 교육을 받게 하고,
선택의 자유를 줄 수 있으며, 돈을 벌기 위해 자신이 좋아
하는 일을 포기하지 않아도 됩니다.

　돈을 생각해 보면, 우리가 입는 옷과 음식은 누가 주는
것일까요?

　내가 시간을 들인 노동의 대가일까요? 아니면 남이 내 호
주머니에 돈을 넣어 준 것일까요?

　돈은 땀을 흘려야 값진 것일까요?

　아이디어와 콘텐츠를 제공하거나 플랫폼을 만들어 수수
료 명목으로 얻은 돈은 빛나지 않고 값이 없는 것일까요?

　우리가 먹는 음식은 다른 사람의 시간을 먹는 것이라고
합니다.

　요리를 해주는 요리사의 시간과 노동, 정성 들여 재료를

　[제7강] 21세기 富의 인문학(人文學) 특강

재배하는 농부의 시간을 먹는 것이기에 우리의 삶은 시간을 먹는 것입니다.

결국 시간은 돈입니다. 사람마다 벌어들이는 수입이 각자 다릅니다. 그 사람이 제공하는 시간이 가치를 만듭니다. 바쁘거나 시간이 없다는 표현은 가치를 부여하지 않는 핑계에 지나지 않습니다.

우리에게 주어진 삶에서 먹고 사용하는 모든 사물은 시간을 먹고 삽니다. 우리의 목표는 돈을 버는 것이 아닙니다. 우리가 선택하는 모든 기회와 노력은 더 좋은 세상, 함께 잘 살아가는 것을 위한 것입니다.

세속을 벗어나 몸에 날개가 돋아 신선이 되어 날아오르는 것 같은 삶이 독자 여러분들과 함께하시길 갈망합니다.

성공한 부자가 행복하지 않을 수 있지만, 행복한 사람은 이미 성공자입니다. 걱정하지 말아요. 오늘보다 내일이 더 좋은 행복이 기다리고 있으니까요. 평생을 좋은 사람만 만나기에도 인생은 너무 짧습니다.

이 글을 읽는 모든 독자와 가족 지인들 모두에게 온갖 복이 함께

이르고, 온갖 상서로움이 몰려들어 천 가지 만 가지 좋은 일들이 구름처럼 모여 부자가 되기를 희망합니다.

- 千祥雲集(천상운집)

가장 가난한 부모는 돈이 없는 부모가 아니라 물려줄 정신세계가 없는 부모이다. 성공은 희생의 크기에 비례한다. 만약 우리들에게 고난이 없었다면 성공 역시 그토록 환영받지 못했을 것이다. 부자가 되는 고수의 생각법이다.

부자들은 명품으로 치장한다 생각하겠지만 스스로 명품을 구입하기보다 명품을 선물받는다. 스스로 드러내지 않아도 명품의 인생을 살기 때문이다.

가난한 사람들은 부단히 돈을 모아 명품을 구입하고 자랑하려고 한다. 하지만 명품을 걸쳤다고 부러워하는 사람은 많지 않다. 스스로 만족하고 살아갈 뿐이다.

많은 사람들은 명품을 사려고 부단히 아끼고 절약하여 1년 혹은 3년 동안 모은 자산으로 명품브랜드를 구입한다.

명품도 좋다.

자신에게 주는 특별한 상일 수도 있다. 하지만 자신의 인생 자체가 귀하고 값어치 있는 명품과 같은 삶을 살아가기 위해서 옷이나 가방, 신발로 치장하는 것이 아니라 자신의 삶을 명품으로 만드는 사람이 결국에는 마음도 몸도 명품이 될 수 있다.

명품을 부러워하는 인생을 살기보다 내 삶 자체를 명품이 되게 노력하자. 그 알갱이는 결국 '삶의 가치'이기 때문이다.

삶의 가치는 지혜가 있는 사람들이 지향하는 삶이다.

"지혜가 없는 지식은 공허하고 지성이 없는 생각은 허무하다!"

지금은 지식 과잉의 시대다. 네이버에 질문하면 수많은 정보가 쏟아지고 무수한 장르의 유튜브와 백과사전이 나열되는 시대다! 지식이 늘어나도 교양이 부족하면 세상을 제대로 읽지 못한다.

더 객관적으로 세상을 바라보고 해석하는 힘을 얻으려면 인문학적 소양을 쌓아야 한다. 저자는 '인문학 교양', 즉 '인문학'으로 풀어쓴 인생 수업을 이렇게 정의했다.

2천 5백 년 전 현자에게 배우는 인문학과 진리로 우주를 품을 수 있는 넓은 마음의 능력자가 되자.

결국 올바른 방향으로 밝은 세상을 보는 능력을 키우는 힘이 바로 '교양 있는 富의 인생 수업'의 힘이다. 중요한 것은 무엇을 보느냐가 아니라 어떻게 보느냐이다.

富의 인문학 수업은 어렵고 복잡한 책을 읽어야만 얻을 수 있는 것이 아니다. 필자는 드넓은 우주에서 때론 사막의 모래에 묻은 먼지에서 혹은 깊은 수심 속 지혜의 바다에서 오늘을 살아가는 우리가 한 번쯤 곱씹어야 할 富의 인문학 이야기만 인생 수업으로 골라냈다.

거미가 거미줄을 풀어내듯 흥미롭고 감동적인 이야기로 풀어내는 인문학 이야기, 고전으로 배우는 인생 수업, 세상에서 가장 쉽게 인문학을 통해 배우는 인생 수업이다.

독자들이 쉽게 접근하고 이해할 수 있도록 고전을 현대적으로 해석해서 읽는 재미를 더했다.

저자가 다양하게 풀어놓은 이야기들을 읽으면 명품 같은 브랜드의 가치로 현실을 바라보게 된다. 독자 각자가 직면한 현실적인 문제점을 인문학으로 어떻게 바라보고 해석할 것인가? 나아가 어떤 시각으로 삶을 살아갈 것인가? 고민하게 한다.

처음 인문학을 접하는 독자들이라면 이 책이 교양과 관점을 넓히는 좋은 출발점이 될 것이다.

"현실적인 고민에 시달리는 독자들은 현자의 말을 빌린 이야기와 비슷한 자신의 고민을 비교해서 제3자의 입장으로 상황을 들여다보고, 생각의 크기를 넓혀 삶을 더 단단하게 채우기를 바란다." 그리고 부담 갖지 마시고 필자에게 전화나 찾아와 돈 걱정 없는 미래! 100세 시대! 신흥부자 되는 방법! 상담받기를 간절히 염원합니다. 아낌없이 모든 정보와 비법을, 시간 할애하여 상담해 드리겠습니다.

"오늘 죽을 것처럼 살아가고, 평생을 살 것처럼 공부하자." 필자의 좌우명이다. "분주하게 돌아가는 세상, 나는 과연 최선을 다하는 것일까? 최선을 다하지 않았다면 그 이유가 무엇일까? 왜 많은 사람들이 행복하지 못할까? 가진 것에 만족하며 주어진 삶을 사랑하면 행복할 텐데 사람들은 왜? 만족하지 못할까?" 필자는 궁금한 게 많다.

철학자의 첫 번째 관문은 질문이다. 부정적인 사람은

맺음말

"왜? 나한테만 이런 일이?" 긍정적인 사람은 "왜 나한테 기적 같은 일이 매일 일어나는 것일까?"라고 생각한다. 두 사람이 이렇게 생각하는 이유는 어디에 있을까?

필자는 자라온 환경에서 얻어진 지혜라고 말하고 싶다.

필자는 중학교 1학년 여름, 빚만 남기고 갑작스럽게 세상을 떠난 아버지 때문에 지독히도 가난한 유년시절을 보냈다. 먹을 것이 없어 칡뿌리, 민들레, 쑥으로 배를 채우고 살았던 적도 있었다. 강아지, 토끼, 병아리, 돼지 새끼를 키우며 어렵게 삶을 영위하다 초등학교(당시 국민학교)에 들어 갔는데 운동부에 들어가면 훈련을 마치고 라면과 계란을 먹을 수 있어서 육상부에 들어가 굶주린 배를 채웠다.

중학교에 입학하기 전 하룻밤 사이에 이 글을 만들고 머리가 하얗게 세었다고 하여 '백수문(白首文)'이라고도 하는 천자문과 고시(古詩)를 독파하기 시작하면서 학문에 심취했다. 국가대표 육상선수가 되라는 주위에 기대를 뒤로하고 인간이 살아가는 데 있어 중요한 인생관과 세계관을 탐구하는 학문인 철학(哲學)과 고전(古典)에 빠져들었다. 남송 때 주희가 말한 것처럼 책을 읽을 때, 口到(구도)로서 입으로 소리를 내어 읽고, 眼到(안도)로서 눈으로 읽으며, 心到(심도)로서 마음을 집중하여 책을 제대로 이해하는 독서삼도(讀書

三到)를 실천하였다.

이렇게 『논어』, 『맹자』, 『대학』, 『중용』, 『시경』, 『서경』, 『역경』, 『연해자평정해』, 『격암유록』 등을 공부하고 삶에 큰 깨달음을 얻었다.

20대 초반, 우연히 인천 자유공원에 놀러 갔다가 인생의 두 번째 스승 인천 자유공원에서 우연히 '조 선생'을 만나 명리학(命理學)의 3대 원전原典 중 하나인『연해자평淵海子平』, 즉 송(宋)의 동재(東齋) 서승(徐升)이 편찬하고 명(明)의 죽정(竹亭), 양종(楊淙)이 증교(增校)한 명리학 교본을 선물로 받았다.

스승님이신 조 선생님께서 이 책을 선물로 주시면서 "100번 읽으면 깊은 바다를 들여다보듯 사람의 과거, 현재, 미래가 보일 것이다."라고 하셨다. 처음 이 책을 접했을 때 글 전체가 한자로 되어 있어서 1번 읽는데 꼬박 3개월이 걸렸다. 이 책은 육십갑자의 이해를 돕는 서적이었다.

처음부터 논리적으로 배우지 않으면 배움이 모래 위에 집을 짓는 상이라 곧 허물어지니 제대로 배우라고 스승님은 말씀해 주셨다. 조 선생님은 의사였는데 사람의 오장육부를 들여다보니 그 사람의 과거, 현재, 미래를 배우고 싶어 공부를 시작했다. 33년 전 당시 필자가 찾아갔을 때 수 많은 국회의원들이 국정과 자신의 정치 운명을 알아보기 위해 스승인 조 선생님을 찾아오고 있었다. "내가 제자를 키우지 않지만 자네 눈빛이 선해 보여 이 책과 사주 명리학을 가르쳐 주겠네"라고 하신 말씀이 아직도 귓가에 맴돌고 있다.

두보(杜甫)의 시 〈증위좌승(贈韋左丞)〉에, "만 권의 책을 독파하고 나니 붓을 들어 글을 짓는 것이 신들린 것 같더라(讀書破萬卷 下筆如有神)"고 했다. 본인의 공부를 술회한 것처럼 독서파만권 하필약유신(讀書破萬卷 下筆若有神) 이후 다양한 글을 집필했지만 그 흔적은 가난 때문에 어디에 있는지 알 수가 없었다.

필자는 고등학교 입학 당시 인문계 진학을 포기하고 실업계 상고에 입학하게 된다. 고등학교에 입학 후 철학과 인문학에 심취해서 당시 친구들로부터 '공자'라는 별명을 듣고 살았다. 고3때 집안 생활비를 대주시던 형님이 교통사고로 24세에 세상을 뜨자, 실의에 빠져 고등학교를 졸업하고 바로 군에 입대하였다.

필자는 강원도 최전방 강원도 인제군 서화면 서화리 민통선에서 군인 시절을 보냈는데 민간인을 볼 수 없는 곳이었다. 많은 선임병들에게 연애편지와 대대장 연설문을 써주고 군대 내에서는 '문학소년'이라는 별명을 얻었다. 필자가 쓴 연설문으로 '반공의 날'에 웅변대회에서 최우수상을 받아 특별휴가를 받기도 하였다.

군대를 제대하고 동양철학과 서양철학을 독파하다 생계를 위해 서울 종로시험센터에 들렀다가 우연히 신문에 실린 신입행원 모집공고 보고 영어, 상식, 수산개론 시험을 치른 후 차석으로 입행했다. 입행 시 쓴 자기소개서는 화제가 되었다.

어떻게 이런 인재가 우리 직장에 들어왔냐며 화제를 낳기도 했다. 그냥 평상시 올바른 생각과 인성으로 책을 많이 읽었을 뿐이었는데…

입사 후 못다 한 공부를 위해 서울 고척동 누나 집에서 출퇴근을 하며 주경야독(晝耕夜讀)하였다. 낮에는 일하고 밤에는 글을 읽으며 바쁘고 어려운 중에도 꿋꿋이 공부했다.

처음 입사 후 직장상사는 업무가 끝나면 매일같이 술집에 데리고 다니며 술을 가르쳤다. 처음에는 왜 이렇게 쓰디 쓴 소주를 마시며 사람들은 즐거워하는 것일까? 이해하지 못했지만 아버지의 피는 속일 수가 없었다. 그렇게 술 마시며 즐기느라 잠시 공부를 게을리하며 10년을 허송세월로 보냈다.

"야~ 상준아 넌 뭘 그렇게 세상 어렵게 사냐! 뭔 공부야, 그냥 인생을 즐기며 살아, 이 형을 봐, 재미있게 인생을 풍미하여 세월을 낚으며 노래도 부르며 즐겁게 살잖아~ 우리 아우도 힘들게 세상 살지 말고 즐기며 살아. 언제 어떻게 될지 모르는 게 인생이야~" 직장 상사의 이런 말을 듣고 이 사람이라면 승진도 시켜 주고 직장에서 성공도 하겠구나 싶어, 술과 풍류를 즐기며 10년을 보냈다. 그러던 중 필자를 승진시켜줄 것 같은 과장, 지점장은 직장을 용퇴하고 나갔다. 필자는 어이가 없었다. "이 사람의 말을 듣고 덧없이 흘려보낸 10년의 삶을 누구도 보상해주지 않는구나~" 통곡을 했다.

작년 이분의 딸이 수원에서 결혼식이 있어 참석하였다.

그리고 이 이야기를 다시 꺼내자, "전혀 기억이 없는데."라고 말씀하신다. "누가 내 인생을 살아주거나 보장해 주지는 않는다." 다시 한번 누굴 탓해봐야 자신만 손해라는 것을 깨달았다. 이 선배 지점장이 퇴직 후 결심했다. 후회 없는 삶을 살아야겠다고.

어려서 같이 자란, ○○일보 부국장으로 근무하는 친구가 필자 집주변에 직장동료를 문상하러 온 적이 있었다. 병원 장례식장 커피숍에서 필자에게 들려준 충격적인 이야기를 듣고 필자는 다시 태어났다. 표고버섯은 참나무를 두들겨서 종균을 깨워주어야 버섯이 자란다고 하듯이 참나무에 망치로 충격을 준 느낌으로 정신이 번쩍 들었다.

그 이후 주경야독으로 시작한 공부로 야간 대학을 졸업하고 곧바로 대학원에서 박사학위를 받았다. 필자가 대학교와 대학원에서 강의하다 보면 어려서 광주상고, 경기상고, 이리상고, 강경상고, 덕수상고 등을 졸업하고 은행이나 대기업에 다니면서 야간 대학을 졸업하고 박사학위까지 취득하는 샐러리맨을 많이 본다. 참 본받을 만한 일이다. 공부는 결코 우리 인생을 배반하지 않기 때문이다.

직장생활과 공부를 병행하며 성공해가는 필자를 좋아하

고 축하해 주고 반기는 직장동료는 많지 않았다. 음해하는 직원으로 인하여 입사 20년 만에 평직원으로 발령이 났다. 입사 동료는 지점장을 달고 있었는데 말이다. 필자는 주경야독으로 야간 대학에서 경제학과 경영학을 공부하고 졸업했다. 일은 점점 늘고 해야 할 공부는 쌓여서 주경야독하며 대학원에서 국제금융 MBA를 졸업하고 박사학위를 취득하였다.

필자는 금융기관 31년 직장생활을 조기 은퇴하고 제주도 한 달 살기 하며 필자에 대한 보상과 선물로 시간적, 경제적 자유인이 되어 제주도 말 농장을 운영하던 친구가 고맙게도 필자 대신 몰래 숙박비를 전액 지불해 주어 묶고 있는 제주앤펜션 숙소에서 오늘 아침에도 돌고래 무리를 발견하고 신도리 앞바다를 바라보며 이 책을 집필하고 있다. 『21세기 인생수업, 富의 인문학』으로 수많은 사람들의 지식과 지혜와 지성을 일깨워주며 다양한 연령대의 사람들과 소통하며 富의 인문학을 전파하고 있다.

도서관과 유튜브로 수많은 현자를 만나고 버거운 삶을 살아가는 청소년들에게 인문학으로 지금까지 살아온 삶과 앞으로 살면서 겪게 될 아픔이 인생이라는 것을 일깨워 주고 새로운 길을 열어주고 있다. 꿈을 잃은 수많은 사람들에게 새로운, 자신만의 길을 찾게 해주고 방황하는 아이들에게 던지는 질문에 우문현답으로 삶의 지혜를 얻게 해주고 싶다.

코로나19와 오미크론으로 인하여 비대면 거래와 온라인 소통이 가능한 시대가 되었다. 사람과 사람 사이에 벌어지는 감동적인 다양한 이야기와 매일 매일 새롭게 태어나는 삶으로 인문학의 길을 안내하고 있다.

개개인의 간절한 꿈과 열정적인 실천에 따라 결과는 반드시 따라올 것이다. 살다 보면 세상에 노력하지 않아도 얻어지는 일이 있을 수 있다. 그러나 진심을 다한 열정으로 지속적으로 노력해야만 원하는 것을 얻을 수 있음을 알게 될 것이다.

우리 인생은 내가 만들어 가는 것이다. 수영할 줄 모르는 사람은 수영장을 바꾼다고 해결되지 않을 것이다. 도전하기 싫은 사람은 도구를 바꾸거나 직장을 옮긴다고 해결이 되지 않으며, 건강하지 않은 사람이 비싼 약을 먹는다고 병이 낫지 않는다.

모든 문제의 근원은 우리 자신에게 있다. 우리 마음에 긍정과 희망 그리고 열정이 있다면 원하는 것은 무엇이든 얻을 수 있을 것이다.

부정 대신에 긍정을! 절망 대신에 희망을!

독자 여러분!!! 행복한 인생을 위하여 자기 최면을 걸면서, 富(부)의 인문학으로 모두 희망과 감동이 있는 삶을 살아가시길 간절히 소망합니다. 감사합니다.

- 이상준아카데미 원장 이상준 박사(靑翼) 드림

재테크에 관심이 있으신 독자분은
다음 검색 → 이상준박사NPL투자연구소에서 더 많은 정보와 자료를 확인하실 수 있습니다.
https://cafe.daum.net/happy-banker

부자가 되기 이전,
우리의 참자리는 어디인가!

- 권 선 복
(도서출판 행복에너지 대표)

부자가 되기를 싫어하는 사람은 없을 것입니다. 현 시대는 자본주의 시대이고, 돈으로 살 수 없는 것은 없다고 믿는 사람들의 주장도 완전히 허풍은 아니기 때문입니다. 공자님마저도 "부를 이룰 방법이 있다면 하겠다"고 할 정도로 금전이라는 것은 우리가 살고 있는 이 지구상에 역사가 시작된 뒤로 막강한 영향력을 행사하고 있음은 틀림이 없어 보입니다.

그렇다면 도대체 이 '부'를 이루기 위해서는 무엇을 해야 하는 걸까요? 돈을 잘 벌 수 있는 특별한 방법이라도 있는 걸까요? 수많은 책과 인터넷상에 '부자 되는 법'은 셀 수 없이 많이 나와 있습니다. 그만큼 모두가 간절하다는 뜻이겠지요.

이 책은 특이하게도 '부'를 이루는 방법에 '인문학'적 감성을 곁들였습니다.

숫자로 이루어지는 돈이지만, 돈을 얻는 것은 '인간'이기에, 인간사를 자세히 알지 않고는 돈의 흐름도 쫓아갈 수 없기 마련이라고 생각해 봅시다. 그렇다면 '인문학의 위기'라고 불리는 오늘날의 세태에도 불구하고 '인문학적 지식'을 쌓아야 '부'를 이룰 수 있다는 생각은 자못 설득력 있게 다가옵니다.

"원하는 富를 이루기 위해서는 철학자의 눈으로 세상을 밝게 하는 새로운 눈을 가지며, 시대를 거슬러 변하지 않는 인간의 본성과 우주의 흐름을 간파할 수 있는 인문학적인 통찰력을 가져야 한다는 것이다."

본문에 나오는 이 말이 정확히 이 주장의 요점을 짚어내고 있습니다.

본서는 '부'를 이루는 실제적인 테크닉을 가르치기보다는 '부' 이면에 숨겨진 인생의 흐름에 관한 철학과 '부'를 불러들일 수 있는 기본적인 마인드에 포커스를 맞추고 있습니다. 한 편의 재미난 인문학 서적을 읽는 것과 같은 즐거움이 전해집니다.

엄밀히 말하면, '부'를 이루기 위한 방편뿐만이 아니라 우리가 세상을 살아가는 데 있어서 장착해야 할 '기본적인 된 사람으로서의 마음가짐'을 이야기하는 것이라고 봅니다. '고전 중의 고전'에 속하는 가르침, 바로 '삶'을 제대로 산다면 '부'는 부수적으로 따라온다는, 누구나 염두에 두어야 할 진리입니다.

돈 돈 돈! 우리는 정말 돈에 매여 삽니다. 돈만 많으면 세상을 다 가질 수 있을 것 같고, 아무런 걱정 없이 호의호식하며 지낼 수 있을 것 같고….

그러나 어디 그렇습니까? 돈 많고 사회적 지위도 높은 사람들이 종종 극단적 선택을 하는 것을 우리는 너무나 쉽게 목격합니다. 목숨을 버리지 않더라도 우울증이나 기타 다른 질병으로 고생하는 부자들도 많습니다. 정말 돈이 이 세상에서 필요한 전부라면 어째서 이런 일이 생기는 것일까요?

그것 아마도, 인문학적 감수성을 통하여 '진정으로 세상을 살아가는 데 필요한 마음가짐과 올곧은 지혜'를 얻지 못했기 때문이 아닌가 생각합니다.

우리에게 정말로 중요한 것은, '부' 자체가 아니라 그 뒤에

출간후기

숨어 있는, 그 모든 것을 이루기 위한 우리의 열정과 바른 신념, 순수한 노력입니다. 목표를 가지고 뛰는 심장입니다.

본서를 통하여 그 본질에 보다 가까워질 수 있기를 바랍니다. 독자 여러분도 한 번쯤 진지하게 삶을 되돌아보며 앞으로 나아갈 방향을 정립할 수 있었으면 합니다. 아마 '부'를 이루기 위해 이 책을 집어들었을 여러분도, 다시금 그 이면에 있는 우리 삶을 향기롭게 하는 진리를 곱씹어 볼 수 있었으면 좋겠습니다.

그리하여 여러분 마음에 행복한 에너지가 팡팡팡! 터지기를 바라며, 따스한 계절의 여왕 5월에 이 책을 발간합니다. 모두 멋진 삶 사시기를 바랍니다! 감사합니다.

책『하루 5분, 나를 바꾸는 긍정훈련 - 행복에너지』는 '긍정훈련' 과정을 통해 삶을 업그레이드하고 행복을 찾아 나설 것을 독자에게 독려한다.
긍정훈련 과정은 [예행연습] [워밍업] [실전] [강화] [숨고르기] [마무리] 등 총 6단계로 나뉘어 각 단계별 사례를 바탕으로 독자 스스로가 느끼고 배운 것을 직접 실천할 수 있게 하는 데 그 목적을 두고 있다.
그동안 우리가 숱하게 '긍정하는 방법'에 대해 배워왔으면서도 정작 삶에 적용시키지 못했던 것은, 머리로만 이해하고 실천으로는 옮기지 않았기 때문이다. 이제 삶을 행복하고 아름답게 가꿀 긍정과의 여정, 그 시작을 책과 함께해 보자.

『하루 5분, 나를 바꾸는 긍정훈련 - 행복에너지』